AQUARIUS

AQUARIUS

AQUARIUS

AQUARIUS

Vision

一些人物，
一些視野，
一些觀點，
與一個全新的遠景！

誰讓青春沒有明天

揪出孩子身邊，
虎視眈眈的犯罪陷阱

戴志揚 著

跨界重磅推薦

（依姓名筆劃順序排列）

【六都直轄市市長聯合推薦】

侯友宜（新北市市長）
陳其邁（高雄市市長）
張善政（桃園市市長）
黃偉哲（台南市市長）
蔣萬安（台北市市長）
盧秀燕（台中市市長）

【重磅推薦】

吳若權（作家、主持人）
吳淡如（作家、主持人）
李茂生（國立台灣大學法律學院名譽教授）
沈雅琪（國小教師、專欄作家）
邢小萍（台北市古亭國小校長）
周幼偉（刑事警察局局長）
高大成（法醫）
高怡平（金鐘獎得主：最佳生活風格節目主持人）
陳志恆（諮商心理師、暢銷作家）
黃明昭（警政署署長）
黃益中（高中公民教師、《思辨》作者）
楊渡（作家）
楊源明（中央警察大學校長）
蔡清祥（法務部部長）
鄭弘儀（「新聞挖挖哇」主持人）
謝震武（律師、節目主持人）

【推薦序】

願少年們都青春正好，人生無恙

◎林書煒（POP Radio 聯播網台長、主持人）

與志揚兄是二十多年前電視台的同事，當時我是黨政新聞線的菜鳥，他是專跑大夜班社會新聞的「夜鶯小組」成員。

在那個有線電視百花齊放的年代，他們當年就像是新聞部裡的「精銳部隊」，靠著一台攝影機、一支麥克風、一部採訪車及敏銳的新聞嗅覺，在刀光劍影的新聞最前線衝鋒陷陣，舉凡毒品交易、幫派掃黑、應召站破獲、警匪槍戰都全程目擊，進行第一線採訪報導。

一晃眼，白駒過隙，志揚兄已在江湖與刑案間打滾將近二十七年。從案發現場、警局到法院，太多光怪陸離的社會刑案比八點檔還要戲劇化，尤其發生在青少年身上的案件最讓人痛心！

根據內政部警政署統計資料顯示，在少子化的當代，「青少年犯罪人口率」卻逐年攀升，「詐欺」、「毒品」、「竊盜」、「妨害秩序」為最常見的犯罪類型，其中「網路犯罪」的樣態更是不斷更新！當網路與社群媒體成為青少年生活中不可或缺的存在，隨之而來的新型態犯罪幾乎超乎我們的想像。

當我翻閱著志揚兄一篇篇的刑案故事時，內心充滿著心痛與感慨。身為一位青少女的母親及長期關心社會議題的節目主持人，也特別想探詢少年案件背後發生的原因，及如何為這些正在涉險的孩子們提出援助與解方。

少年犯罪產生的原因複雜且多元，當少年在家庭中不能獲得身心的需求滿足時，偏差行為便可能成為「需求不滿足」的替代方式；很多少年犯罪的發生源於失能的家庭關係或結構，進而在校園同儕間逐漸發展，最後在社會中更加惡化。

志揚兄在書中將他二十多年來所聞所見的少年犯罪類型做了清楚爬梳，真實赤裸地告訴讀者，國家棟梁正在遭受侵襲，而我們不能再視而不見：

網路性剝削的陷阱層出不窮。

誘拍裸照被勒贖、甚至遭性侵，已不是少見的單一案件。

少年車手明知是犯罪，為什麼還是一再地鋌而走險？

毒品幫派化竟已堂而皇之地進入校園，學校的防護網早已出現漏洞！

這些讀來如同電影情節般的故事就真切地發生在台灣社會的不同角落！看著這些站在懸崖邊的孩子們，一失足就可能掉落無底深淵，我們這些大人能做些什麼？該怎麼辦？

當我們以為少年刑案大都發生在經濟弱勢及家庭結構失能的高關懷家庭時，我們更要面對，許多觸法少年的家庭並非經濟弱勢，而是來自父母疏於陪伴、關懷的雙親家庭。

我曾經針對少年犯罪議題，訪問過少年觀護人、犯罪防治系教授、諮商心理師、少年安置機構及曾經走過年少輕狂的更生人。梳理許多悲傷故事的背後成因，大都跟「陪伴」相關，孩子在最需要被鼓勵及感受關懷的荷爾蒙噴發期，找不到歸屬感與被認同感。

印象很深刻，訪問過一位在青少年時期，因竊盜、吸毒、鬥毆而多次進出觀護所的受訪者。他說在學校被同學霸凌欺負，回家還被爸媽罵說是他自己的問題；在家中，爸媽看的永遠是他考試的分數，得不到任何稱讚，所以別人一句簡單的噓寒問暖：「喂！今天還好嗎？要不要跟我們一起玩？」就足以讓他加入幫派。

另一位受訪者則說他一出生就滿手爛牌，媽媽在酒店上班，父不詳。小時候只要他一哭鬧，媽媽就把毒品打在他身上；長大的過程，就是在觀護所及安置機構裡來來回回，後來就混幫派、當車手……

感謝的是，當我訪問這些曾經的「不良少年」時，他們都已走在正軌上。他們告訴我，因為在青春期搖搖欲墜即將跌入深淵時，幸運地竟然有人願意接住他們，竟然有人願意張開雙手，擁抱他們這些傷痕累累的「壞小孩」。

每每訪問了這樣的故事後，我都衷心祈禱著，願每個孩子在成長年歲裡都能無恙，都能好好長大！

這本《誰讓青春沒有明天》裡的案件是台灣眾多少年刑案的縮影。這本書不僅是一位資深社會記者，透過一件件社會刑案帶我們洞視少年案件背後的真相；更是一位父親對於少年犯罪問題的直面對決與迫切關心。

這本書非常適合家長在教養子女學習自我保護及辨別是非安全時，可以共讀與討論。這是一本帶孩子遠離傷害的必讀之書！

願青春正好的少年們，人生無恙，未來無恙。

【自序】
不要漏接任何一個孩子，陪著他們打完人生的精采球賽

採訪社會新聞近二十七年，不管多慘烈的災難、意外及刑案現場，我絕對都搶進第一線，唯獨有兩次，我實在不忍面對案發現場，而拜託沒有小孩的同事前往採訪：一次是二〇一五年，北投某國小三年級女童在校內的廁所遭割頸身亡；一次是隔年，內湖發生駭人的「小燈泡」在街頭遭隨機斷頭事件。

為什麼這兩次不去現場？因為那時我的兒子、女兒就和這兩個小孩的年紀差不多。

大多數人對社會記者的印象，就是在警察與黑道、屍體與裸體、酒店與賭場中打滾的人，

這點我無法否認，這是社會線記者每天必須攪和與「交陪」的一面。但我也必須嚴正反駁，這真的只是工作中的一環。在媒體這行，尤其跑社會新聞，沒有人願意每天睜眼就是面對罪犯與屍體，筆下整天寫犯罪和意外、災難等社會黑暗的一面。

其實社會記者的工作內容與警消、司法人員並無二致，差別在一個是在執行國家法律，一個是在記錄報導。

二十七年來，台灣社會發生的重大社會案件、天災人禍，我無役不與，遇過眾多生命在社會各角落、以不同的方式殞落，面對無數加害人與被害人及家屬留下的眼淚。每個案件背後都有一個故事，有的單純，也有不少糾葛如麻，多年來，讓我產生了「我是誰？我到底在做什麼？」的虛幻感。久了，內心的感情也漸漸麻木。

但是從我的兩個小孩陸續出生後，看似無血無淚的情感突然恢復生機，而且更有感觸。我開始真實地體驗到，不是只有我的小孩才是寶，每一個小孩都是我們的寶。而喚醒我的正是在狀況日益嚴重的兒少案件中，家長的眼淚與悔恨，以及孩子賠上的一生和稚嫩生命。

會寫這本書，一來是因為我在無數的兒少犯罪案件中發現，儘管我們很努力地替孩子築起隔離犯罪的那道牆，但是社會整體無法創造讓孩子想留在原有環境的動力，反而逼著他們急著翻牆去探索另一面充滿危機的未知環境。例如書中的「校園毒品」、「少年槍手」、「陣頭家將」、「少年自殺」、「學生恐怖情人」等篇章中，顯現出被「貼標籤」、「區隔化」，往往是造成孩子自我放棄的重要開端。

在少子化狀況愈來愈嚴重的今天，各種兒少犯罪率卻愈來愈高。這讓我開始思考：我們的社會安全網機制是否缺漏了什麼？

台灣的犯罪環境與犯罪的年齡層，近年來大幅改變。過去我不怕在街頭打殺的黑道兄弟，因為和他們還可以有「交往與對談的空間」，自己不會受到危害。但是當發現在警局見到的犯罪主角，從原本多為幫派的凶神惡煞，近年來卻愈來愈多是失神又無助的青少年，讓我驚覺整個社會的犯罪模式已產生巨變！不僅犯罪模式變得更多樣化，「犯罪年齡層」也愈來愈低，兒少誤入歧途的狀況愈來愈嚴重。

面對眾多未成年的觸法少年眼神中的冷漠殺氣，有時他們犯案甚至毫無緣由，讓我感到不寒而慄，因而更想去了解：為什麼我們的孩子變了？原因出在哪裡？

此外，讓我感到內心最痛的是每年的各類刑案中，大量無辜受害的兒童與少年們。這些孩子本身和犯罪毫不相干，但是他們受到傷害，一輩子在內心與身體上受創，或許抑鬱一生，更可能因此失去生命。而大部分時候，他們流下的眼淚，我們甚至來不及看見。

隨著社會、科技急速發展，價值觀大幅改變，犯罪手法與樣態也愈來愈多元，造成社會處處都是險境，各種無預警或是有計畫性的犯罪，無時無刻不環繞在每個孩子周邊，稍有閃失，可能就會造成傷害。

知己知彼，百戰百勝。為了讓外界深入了解這些環繞在孩子身邊的陷阱，認清誘騙手法與真實運作型態，我特別在書中點出時下兒童及青少年最容易陷入的、隱藏在身旁的陷阱，包括網路世代最常見的「網路性剝削」、「網路新型態犯罪」、「虛擬幫派」、「打工詐騙」、「網路霸凌」等，並解析新式犯罪手法，讓所有人知悉這些犯罪者在暗處玩著何種把戲。

陷阱不只存在於社會。傷害最大的是，有時孩子連最基本的生存權與生活安全都不可得；最親近的父母與師長，甚至可能傷他們最重。而且這些受害孩子的數目，還遠遠高出觸法者。在「師長霸凌」、「校園狼師」、「家內性侵」、「虐兒」、「家長偏心」等章節中，期望透過揭露無辜孩子在成長過程中遇到「被迫性」的危害，揪出整個社會安全網的疏漏，喚起大家更重視這些難以發覺、卻對孩子傷害最大的危險因子。

本書所舉的實際案例都是當前青少年犯罪中，最典型的例子，真實呈現出孩子們，如何在同儕誘惑、人際關係、社會環境、學校教育及家庭教養的漏接之下，逐漸迷失自我。儘管無法否認孩子落入犯罪陷阱有極大程度是受到社會環境及同儕影響，但我也要直言，我們大人難辭其咎。孩子缺乏正向的學習對象，便只能被迫接受外界灌輸的各種資訊而奉為圭臬，很容易會偏離軌道。

而一旦案件發生，孩子和父母都傷得一樣重，尤其內心的傷痕更可能糾纏雙方一輩子。

在第一線報導了眾多兒少犯罪或受害的新聞，對我產生極大的衝擊。當友人問：「你要怎麼教養你家兩個小孩？有沒有設定方向，未來有沒有什麼期待？」我的回答是：「小孩以後不犯法、不坐牢，未來養得活自己和家人就好。」

因為害怕在孩子的成長階段稍微出現閃失，將失去他們而自責一輩子，因此我決定以「回歸人性」為目標教育小孩。

為了讓對父母的正面印象深植在兩個小孩腦海中，十二年前，我開始了風雨無阻、每日清晨都到校的長期導護志工服務，陪伴學生們安全上學。我告訴自己，絕不讓任何一個孩子因外界的因素受到傷害。

由於希望讓孩子從小體會來自家庭、學校的愛與關懷，我提倡建立親密的家庭與親子關係，聯繫孩子的一些同學及家長們，固定舉辦親子戶外活動。我並將平日所見的犯罪現況與親子教育結合，在校園中宣導如何預防犯罪，後來乾脆寫起親子專欄文章，完全顛覆了大眾對於社會線記者的刻板印象。長期下來，如此「正向」的作為，讓同業戲稱我是「不務正業的社會記者」。

在這個功利主義為重的社會，我們很少能用欣賞的眼光去看待孩子，也吝於誇獎孩子，甚至不允許他們犯下一絲小錯。不但如此，有的大人還會火上加油，擴大解釋及檢視，四處削減孩子的自信及對大人的信任感。

教育界將「因材施教」奉為圭臬，認為對孩子的培育應該適性、適才。但儘管教育方法及模式都愈來愈進步，「因材施教」卻似乎仍是鏡花水月，遙不可及。

許多家長自栩為「說教、阻擋、盯梢、築保護網」的箇中高手，然而這也表示與孩子之間，缺少「身教、溝通、陪伴與引領」。

英國十九世紀著名的道德學家山謬爾．斯邁爾斯（Samuel Smiles）曾說：「沒有不可教的孩子，只有不會教的老師。」透過本書的各類觸法少年之口，其實可以看到，孩子們對家庭和學校的怨懟，讓他們開始失去自信、否定自我，最後沉淪。廣義來說，除了學校教育，家庭教育更是防治犯罪的最基礎源頭，因此我認為也可以這麼說：「沒有不想被愛的孩子，只有疏離的家長。」

觀念不改，所有的努力都是白費。要成功減少青少年犯罪，需要從整體的家庭、學校及社會機制先改變，希望這本書能幫助我們重新思量何種方式才能有效地從基本面，協助各方從防治青少年犯罪的既有窠臼中跳脫出來，以「孩子的心理」當成出發點，帶領他們看見人生的彩虹。

身為社會記者，在最黑暗的社會中餬口求生存，我窮到只剩下豐富、精采的人生經驗與積極、樂觀的價值觀，能夠留給孩子。

我想，當孩子看世事的價值觀念對了，他們的人生也就對了，我絲毫不必再擔憂。

目錄

目錄

FILE 1

網路性剝削的陷阱

當網路上溫柔的呵護，成為毀壞孩子一生的情緒勒索

網路犯罪以倍數成長，每年都有數千名少男、少女落入陷阱，二〇二〇年的兒少性剝削被害人，比二〇一七年增加了三成。而另外未通報的「黑數」，至少高於正式統計的兩倍以上。

網路犯罪下，追悔不及的青春

看著眼前蜷曲在法庭內、全身抖動著啜泣的少女，多年來發生過的各種兒童與少年案件在我腦海如電影膠卷閃過……

這裡曾上演的一段段悔恨的青春，我記得一清二楚，其中超過八成是網路Z世代下的犯罪產物。

無論孩子是鋼鐵般叛逆或柔弱如絲的內向，當坐上證人席那一刻，面對無暇理解他們內心世界與背後故事的司法官，年輕的受害者必須逼自己重複地敘述那段不想回憶的經歷，或是低頭啜泣，或是撕裂身體般大聲哭號，甚至有不少人情緒崩潰，必須長期接受身心科治療。

當少女「蘿莉」在網路上，遇見「夢幻男友」

四月下旬，正值國中會考前夕，我一如往常地走進警局，一個再熟悉不過的場景映入我的新聞眼，多年來已讓我幾乎無所感——滿臉稚嫩的國中少女與母親相對無語地坐在警局內，外面超過三十度的火熱高溫，卻無法融化偵查隊辦公室內，母女關係的冰點。

媽媽帶女兒上警局，是因這位少女蘿莉在網路上認識了一名「夢幻男友」，但隨之而來卻是糾纏不去的噩夢……

陌生網友：來自未知世界、目的不明的暖訊

蘿莉的交友圈只有班上同學與部分小學同學，但準備會考是如此沉悶、無趣，剩下一個多月的考試前夕，別說有朋友陪著聊天，偶爾能在僅有的休息時刻滑滑ＩＧ就是一種恩賜。

某天晚上，蘿莉的ＩＧ收到一個大頭貼酷似韓星的男生傳訊息敲她：「安安，只是關心一下，要早點睡喔，加油。」「有沒有多喝水？別忘了還有人在遠處守護你。」

來自未知世界、目的不明的暖訊，持續了一個星期。蘿莉的好奇心被深掘出來，她開始覺得不管認不認識對方，就算是不會碰面的網友，給個簡單回應也是一種禮貌。於是她回了：「謝謝。你也在準備考試？一起加油。」

錯誤的第一步就此踏出。有了第一次交談，話匣子再也停不下來。

在無限想像的網路世界，兩人愉悅交心地當了不到一個星期的密友，蘿莉的心頭完全被呵護的幸福感淹沒，並且和對方約好了考完後要見面，正式交往。

情緒勒索：一邊恐嚇要斷絕關係，一邊苦苦哀求示愛

距離會考時間愈來愈近了，她跟對方說：「要考試了，我有點緊張。我們考完聊，最後一節出教室就敲你。」

原本期待收到對方體貼的回應，沒想到映入眼簾的卻是如利刃刺入心房的激烈話語：「你想分手了嗎？你是不是在玩弄我的感情？」「你不愛我嗎？愛我的話，現在就給我你的裸照。」「你現在給我，我就不會生氣……」

不斷傳來的訊息讓蘿莉震驚得全身顫抖，腦中一片空白，好一段時間只能反射似的重複自問：「怎麼了？他為什麼生氣？我好像得罪他了？會不會以後他就不理我了？」接著對方更瘋狂地展開連番情緒勒索：「你跟我是男女朋友了，所以給我照片吧，可以的。我愛你。」「我會永遠愛你，我們會結婚的，不能這樣離開我。」蘿莉六神無主，對方更緊追地要求：「我是希望想你的時候可以看你的全身照片。」「看著照片，就像和你牽手、抱抱、接吻、做愛……」「你跟我是男女朋友了，我愛你。求你拍一張就好，下次見面時，我會當著你的面刪掉照片。」

在「男友」不斷哀求加恐嚇要斷絕關係下，蘿莉努力地說服自己：「反正考完後，他就會刪掉照片。他不會害我……」

她褪下衣物，對著鏡子拍下一張張青春肉體，許願終身似的完成這場離譜的儀式。

噩夢降臨：哪一天會爆發？

人生的噩夢卻是從按下傳送鍵開始——「男友」開始奪命連環叩地需索她的裸照。而最後真正擊潰蘿莉的關鍵句子如魔獸般現身：「今天如果不傳裸照，明天你就會變成學校的風雲人物。」她瞬間從天堂跌入地獄，滿腦子想的都是同學們對她的訕笑、消遣與輕視。

母親發現女兒失了魂似的神情，敏感地追問，結果得知這個最令人恐懼的狀況，最後只能無助地帶著孩子上警局求助。

那位夢幻男網友，果真如夢幻般杳無音訊。少女的未來，將被這原以為浪漫的惡果糾纏，背負著「哪一天會爆發」的重擔。

「網路獵童」，許多男生受騙裸聊

隨著網路使用年齡層下降，「網路獵童」的花招百出。根據衛生福利部保護服務司的分類，**加害者利用「花言巧語哄騙」、「遊戲點數誘惑」、「寄送交友訊息」、「釣魚廣告」等四類為大宗，受害者都在對方冒用假身分及帳號下，傳送自己的私密照片而遭受威脅。**被害的對象遍布各個年齡層，也**並非只有女性受害，十五歲以下的少年及男童占比更達到四分之一。**

尤其是小男生著迷的「網路遊戲」中可增加功力的寶物，更成了不法誘惑的最佳工具。一名職業軍人就專門在臉書上，針對疑似少年的對象隨機加入好友，接著透過聊天，篩選出有玩網路遊戲的少年與男童，積極提出可用「裸照交換遊戲幣」的方式，要求男童自拍、視訊裸露私密處傳給他觀賞。

有二十個國小男童為了賺取遊戲幣，不惜私下拍攝私密照，甚至與他視訊裸聊。未料卻遭這個軍人擷取畫面後，用來威脅外出見面，最後有四名男童慘遭侵害，其餘的受害者則被拍下更多照片。

警覺孩子與「幕後鍵盤手」的互動

根據衛福部的統計，二〇二〇年，兒少性剝削被害人通報有一千六百九十六件、一千六百九十一人，比二〇一七年的一千零六十人增加了三成，其中，「拍攝、製造兒童或少年為性交或猥褻行為之物品」有一千三百三十三件、「散布私密影像供人觀覽」四十四件，兩者合計占比高達81.19%。

這還不包括未通報的「黑數」。警方以經驗分析，黑數至少高於正式統計的兩倍以上。

近年來，網路犯罪幾近以倍數成長，每年都有數千名少男、少女落入陷阱。網路犯罪的手法愈來愈多變，受害者的年齡層也愈來愈低。

網路「蘿莉控」，國小二年級也受害

國內目前最大宗的一起少女遭網路性剝削，且受害人數最多、平均年齡最低的案例，是二〇一四年至二〇一七年間，一名國內最高學府醫學院的準碩士，在網路上利用張貼他人照片、冒稱女性等假身分的方式，透過LINE、BeeTalk、臉書的假帳號，引誘少女及未滿十四歲的女童，彼此互換裸露私密照，並將照片散布在各大網路論壇上供人觀看。

這名準碩士高材生，對國中女生以帥哥照片為誘因，冒稱是學長，偽裝「大哥哥照顧小妹妹」般噓寒問暖，使目標鬆懈心防，進一步產生崇拜或愛慕情愫後，彼此以「老公」、「老婆」互稱，並命令對方拍攝裸露照片及影片。

光是警方查出身分的受害者就超過一百二十位，最小的只有國小二年級，但最後僅有八十一名受害者願意出面揭發惡行。

手遊的「大哥哥隊友」，分飾兩角威嚇

二〇二二年時，一名小五女童在手遊中認識一名「大哥哥隊友」，與他成為網路男女朋友，甚至自願固定拍攝裸照給「男友」收藏。

兩人網交半年後分手，這個惡狼卻佯稱是前男友的「哥哥」，藉口弟弟因和她分手太過傷心而自傷，昏迷不醒。他辱罵女童「背叛弟弟」，恐嚇必須再傳送新的裸照及影片，才能彌補弟弟的傷害。

幸好這名女童擔心過去的照片外流會造成更恐怖的後果，即時醒悟之下，鼓起勇氣對母親訴說並報警，才將惡狼繩之以法。

當孩子從小學階段正式開始拓展交友圈及人際關係，但尚未知道如何交友、以及什麼才是友情，正是最容易陷入人際關係陷阱的時機。

我們常常叮嚀孩子要怎麼應對「路上」的陌生人，但是否忽略了「網路上」真正潛藏著危機的陌生人？孩子在網路世界與「幕後鍵盤手」的互動，才是更要關注的重點。

遭信任的網路遊戲「隊友」誘騙性侵

我曾遇過一個案例，女主角是小六女童，經常玩一種叫「第五人格」的網路遊戲。在遊戲的「隊友」中，有一名年紀比她父親還大的五十歲大叔，以一張裸照二十元的代價，利誘女童自拍兩張裸照傳給他觀賞。小妹妹在區區幾十元的利誘下，竟然就自拍裸照傳給怪大叔。

這名變態大叔又謊騙可以免費提供遊戲的寶物，邀約小妹妹到住處，以布條蒙上雙眼後，脫去衣物，玩起「瞎子摸象」遊戲，更進一步誘騙她發生性關係，並拍攝性愛照片。

交友社群裡，戀童的中年大叔假冒是國中「姊姊」

另一名小四女童米亞也是重擊我心的案例。

米亞小一時，父母為了能掌握她的人身安全、保持聯繫暢通，替她辦了手機。雖然有積極管制上網時間，米亞卻滑出心得，對於交友軟體產生好奇。

某天，她進入一個叫「SAY HI」的交友社群，有個自稱國中女生的「姊姊」與她搭上線，在大頭貼照片上，這個姊姊是清純國中生。

兩人每天聊幾句，很快成了所謂的「閨密」。「好閨密，當然要彼此毫無保留。」姊姊常常這樣提醒。

某天，姊姊突然傳了幾張女性私密處特寫及裸照，對米亞說：「這是姊姊國中後的身體。姊姊能不能看看你的身體和我以前國小時是不是一樣？」「姊姊都沒在害羞了，你如果是好妹妹，也要交換拍給我看。」

毫無防備的米亞，只想到要有義氣與承諾的交心，偷偷在家裡拍下裸照及影片，和「姊姊」互相交換欣賞。

某日，媽媽發現米亞說要洗澡，卻帶著手機進浴室，好奇地詢問，開門後見女兒神情怪異，驚覺事有蹊蹺。搶過手機一看，螢幕上的畫面讓她差點嚇昏過去。

報警後，米亞口中的「姊姊」遭查出其實是個戀童癖中年大叔，他擷取網路上的清純少女頭像及裸露照片，假冒影中人，四處在網路上找女童與少女「結拜」並互換裸照，受害者不計其數。

從網友身上，孩子獲得現實缺乏的認同、稱讚、關心與情感共鳴

孩子是怎麼想的？大多數孩子，只覺得網路的那一端是好人，會用言語安慰、照顧自己，所以想回報對方的善意，而想辦法依對方的要求，表現自己對友情的忠誠。

這項錯誤認知相當恐怖。犯罪者有話術、有技巧、有途徑，但是對孩子來說，只認為：「他們不是網友，是我的好友。」

孩子們何以會信賴完全陌生的那一端，對於對方言聽計從？原因就在網路那一端，提供了現實生活中難以獲得的認同、稱讚、關心與情感共鳴。

當網路加害者無所不用其極地提供孩子想要的一切、安撫孩子的心，以此當成誘餌，讓他們開始全然地信賴……孩子身旁的我們做了什麼呢？

我們常常說，孩子長大、翅膀硬了，父母的話也不聽了。但讓我們自我檢視：是否自己對孩子的認同、關心與稱讚，乃至於親密的擁抱，隨著他們長大而逐漸減少，甚至讓手機成為「父母陪伴的替代品」？

孩子們對於現實中的關係無法滿足，於是轉而對網路世界敞開心房並產生依賴，慣於躲進房間，打開電腦、抄起手機，在虛擬世界中，結交不知是男是女、是老是少的網友。

加害者透過精心設計、極度虛情假意的慰問文字，完全滿足了孩子的需求，使得他們澈底地沉浸其中，從中取暖，最後淪為網路犯罪的受害者……想到這裡，我不禁寒毛直豎，頭皮發麻。

其實，**再多的網路防護機制都只是制度上的防線。**

不要讓孩子內心失守，靠的是陪伴孩子成長的過程中，隨時能讓他們感受到重視、傾聽與獲得共鳴的那顆「溫暖父母心」。

FILE 2

當視訊主播「看得到又吃不到」，不會痛？

扭曲的價值觀，讓孩子廉價出賣靈肉，換取當「網紅」的虛榮

交友、聊天社群內，隨處可見跳出的視框廣告徵求「視訊主播」，標榜：「月入十萬」、「工作輕鬆」、「工作時間與地點任選」、「可兼差」、「時間短又自由」……然而從女孩第一次上線成為「女主播」後，就成了色情網站的傀儡。

等到你們痛，人生就全毀了！

「我有妨礙其他人嗎？又沒有別人看到，我和他私聊ㄟ，這樣也不行喔！」警察局裡，裝扮入時的小辣妹極度不耐煩地和刑警們爭論著。

「你們書到底讀去哪？頭殼壞去？被人家騙還替人家數鈔票。替你爸媽可惜啦！」刑警也回嘴數落這些年紀和自己孩子差不多的叛逆小大人。

在我眼前的是二十八名女高中生，其中兩名在學、二十六人輟學。

這些少女都是「網路女主播」，實際上就是「色情脫衣秀」的直播主，透過鏡頭，直播給鏡頭那端的付費會員滿足性幻想。

幾個嗆辣小女生低頭滑著手機，一面不甘示弱地試圖奪回話語權，頭也不抬地說：「給人家看一下會怎樣？我又不會痛，也沒損失，反正他們看得到又吃不到。」

我每聽必暴怒的話又出現了。自己有兩個小孩，加上跑社會新聞看過太多受害人的慘狀，我忍得血壓飆高，真的很想衝到她們眼前大吼：「你們最好不會痛！等到你們痛，人生就全毀了！」

「視訊主播」，成了色情網站的傀儡

近十餘年來，付費網路平台興起，花招百出。未深入接觸網路世界的人，很難窺探孩子們是如何掉入陷阱，又是接收到哪些資訊，讓他們一頭栽入可能毀掉一生的黑洞。

事實上，不少人喜愛使用的交友、聊天社群內，隨處可見跳出的視框廣告徵求「視訊主播」，每個都標榜如「月入十萬」、「工作輕鬆」、「工作時間與地點任選」、「可兼差」、「時間短又自由」。

說實在的，我從事新聞工作近二十七年，風雨無阻地二十四小時在新聞線上拚戰，待遇都沒那麼優渥。即使是坐在攝影棚內的亮麗主播也不會有這種高薪。

這些女孩在接頭的「經紀人」帶領及解說下，才知道自己的工作內容就是在平台提供的成人網站，與豬哥會員們色情語音交談。若是客人加碼「斗內」，還可進一步寬衣解帶，大演上空秀，「斗內」愈多，情色尺度愈大，讓鏡頭那端的會員充分感受視覺刺激。而從經紀人提供的套房到自己家裡的房間、浴室，全成了現實生活中的攝影棚，少女們則成了活生生的「楚門秀」主角，也因此讓警方相當難以追查。

面對誘人的報酬條件，扭曲的價值觀加上對社會環境陌生，多少不明就裡的孩子紛紛前仆後繼地一頭栽入。不過，當她們第一次上線成為「女主播」後，其實等同成了色情網站的傀儡。

說好的月入十萬呢？別傻了，生吞活剝少女靈肉的色情業者不會做無本生意。當她們努力在鏡頭前搔首弄姿地撩惑豬哥會員多多「斗內」，拖住上線時間時，早已被全程錄下，當成威脅的籌碼。最後，她們只能在半哄半恐嚇下，以青春肉體換來每小時一百元的極低時薪，如果每天上線三小時，一個月賺不到一萬。

而業者事後遭警方逮捕時，被發現營業收入高達八千萬，甚至有些影片還經過剪輯，再賣到另一家成人網站，賺兩手或三手。

也難怪警察會慨嘆這些少女「被人家騙還替人家數鈔票」。

想當「網紅」，最後身陷色情威脅

這些少女投入「網路女主播」行列當情色女主角的動機，除了金錢外，網路人氣——也就是成為俗稱的「網紅」，更是重要的誘因。

網路女主播成為眾多急於出名的小模或是想藉此實現星夢的白紙少女，踏入媒體大染缸的第一步。說好聽是染缸，我用社會語言直白地說，就是「火坑」。不少清純少女就此沉淪，多少懷抱星夢的少女以此之名，淪為色情業者的禁臠。

網紅文化已是一種常態，為順應鄉民的欲望，各種無厘頭、甚至可能危及生命的不堪入目作品氾濫。這種「速食娛樂」充滿各種生理刺激，早已成為青少年生活中重要的日常，但陷阱也就藏在其中。

青少年深受網路搞怪影音短片影響，也覺得自己很有可能靠著一支短片就成為「網紅」。然而，大量網路人氣卻容易把人沖昏頭，而不知自己身處危機中。

因為想當「網紅」卻沉醉於人氣，而將危機意識拋諸腦後，讓自己身陷絕境——我跑過的新聞裡，類似的案件不勝枚舉。

「純聊天，只要穿露一點」，卻被成人網站利用

一名高三女生，在學校並不起眼，但她常拍攝自己生活中的搞怪醜態與讓人引發遐想的網美照，在抖音有高人氣，每天都有新追蹤者及各式各樣的私訊湧入。和網粉互動成為她的生活重心。

某天，她接到一名自稱已經追蹤她好幾個月的「女攝影師」私訊，提出一份誘人打工：只要陪網友聊天，但要穿著露一點，五個小時兩萬元。

女高中生不是傻瓜，也收過很多廣告及詐騙宣傳，但這個女攝影師卻罕見地很直接說「純聊天，只要穿露一點」。於是她好奇地去看對方的ＩＧ，見對方也是個上萬人追蹤的高人氣網友，讓她卸下心防。兩人開始聊起工作內容，女攝影師將自己與其他網紅的匯款證明秀給她看，並強調有很多網紅和他們長期合作。

最後，她答應了。

半年後，突然有男同學告知，他在一個成人網站看到針對會員的預告照片，四天後將會PO上一支名為《女高中生的誘惑》影片——而女主角正是「她」！

「成為知名網紅」的誘惑

另一個被害人同樣也是抖音高人氣的女孩，有超過十萬粉絲追蹤。她是個性外向、熱情洋溢，喜愛熱舞的高二女生。

一天，她收到一個自稱「女性藝術工作者」的誘人訊息：「我需要你的高知名度，寒假短期打工，在家工作，時薪五千。」

高薪並非女孩受誘惑的主要原因，而是這象徵自己躋身知名網紅行列。這份令人欽羨的榮耀讓她的理智線馬上失守。

布下天羅地網的騙局，贏得少女信任

事發後採訪時，我問她：「難道你不怕隱私曝光？」

女孩說：「對方傳來和其他網紅的對話截圖，我看到他們也有藍勾勾官方認證，而且有轉帳照片。她還強調只和客戶一對一聊天，雙方都要簽保密協議，若有違個人隱私還可以隨時放棄。」

雖然仍有些存疑，但是看到那麼多網紅這樣輕鬆賺，也沒聽說出過狀況，女孩心想應該沒什麼問題。

變造照片，誣陷少女是「約砲女王」

對方接著說要看她的身材條件，於是要求她拍攝各種變裝照，到此為止仍看似沒有問題，她也照做了。

然而，後來對方要求「多露一點」，她猶豫了，想要退出。此時與她接頭的女性不斷對她洗腦：「只是展現自己美好的一面給人欣賞，保證不會外流。」

隨著她一再婉拒，對方開始不耐煩。最後她接到對方傳來一句：「如果你不玩，我會讓你『爆紅』，電話接不完！」

仍堅持拒絕的她，沒想到真的被對方陷害，成了網路上知名的「約砲女王」——短短幾天內，她的手機鈴聲不曾斷過，數百通電話及簡訊湧入，全都是要找她約砲及援交。她感到噁心與恐懼，顫抖著上網搜尋自己的名字，眼前的一幕幕噩夢讓她情緒炸裂，無法承受。

過去拍攝的變裝照片，不但遭全面公開放上各大色情網站，連手機號碼、LINE 帳號也一覽無遺，甚至連結上她的社群帳號，並標註「我性欲很強」、「純粹一夜情，無誠勿試」、「有興趣的人可以直接私賴」。對方不善罷甘休，又在應召及援交網站放上她的照片及本名，標註不堪入目的用詞。

面對如此駭人的惡意，原本充滿自信的她恐懼得退縮，不知該如何開口求助。

身為在黑、白兩道間打滾近二十七年的社會記者，我實在感慨很深，只想對孩子們說：「擁有自信雖然是優點，但千萬別相信自己能應付社會上的暗黑勢力。不管黑道或白道，雙方都還在持續著犯罪抗衡遊戲，沒有哪一方能占上風。而你們都還沒踏入社會，哪來的自信能掌控一切？」

網路「性犯罪」，到底多氾濫？多恐怖？

許多大人缺乏社群交友經驗，恐怕難以想像網路挖洞給孩子跳的「快速」程度。

在新北市警局辦的一場防治青少年網路犯罪座談會上，有位受害少女的母親決定站出來，與隱藏在鍵盤背後的魔手纏鬥。她想親手揪出毀了孩子們的惡魔，更殷切盼望不要再有任何家庭經歷那段讓他們全家一度崩潰的歲月。

投影機螢幕秀出ＩＧ的畫面。這位挺身而出的母親分別扮演十一歲及九歲少女，現場開設了兩個冒名的ＩＧ帳號，要讓台下的父母實際體驗網路「性犯罪」的氾濫與恐怖。帳號開通後，全場眼睜睜地看著，各種要求加友的訊息及性暗示的私訊一則則跳出：「想看你的身體。」「給約嗎？」「有幾次經驗？」「要不要試一下？」……

這些含有想要裸照與意圖不軌的訊息，令台下的家長們震驚不已。

第一道防線：與孩子建立信任關係

社會多險境，為人父母的我們永遠無法澈底地阻止他人傷害孩子，但至少「建立信任關係」是第一道防線。

我從採訪經驗中獲知，眾多類似的受害案例有一個共同點，就是「親子關係不佳」，生活中形同陌路，導致孩子僅能依賴網路抒發情緒。而父母無法了解孩子的內心，只能任孩子如脫韁野馬，野放在網路世界中。

台上的這位母親過去與女兒如鬥雞般互不相讓，見面就會起衝突。高中女兒急著想走出家庭，最後卻落入陷阱，飽受精神折磨。

孩子在犯錯、受挫、無助、有需求時，第一個想到的就是尋求父母支援。如果父母當下不理、不耐、漠視，小小的心靈一定很難過，長時間下來，因為始終未感受到被關愛與重視的溫暖，失落累積的結果，內心也愈來愈冷漠，使得親子之間毫無信任。

反之，如果父母能時時關心，親子彼此的心將愈來愈緊密，信任感、熱情也將接踵植入孩子的心靈。

我們該反思的是：在滿足孩子的物質欲望之外，是否從小更該滿足他們的心靈渴望？

FILE 3

從裸照勒贖到性侵的「新型態網路犯罪」

讓孩子警戒社會的險惡面

「網路犯罪」從二〇一四年手機邁入4G時代開始爆量。網路與社群媒體成為青少年生活中最大的寄託，但伴隨而來的新型態犯罪，尤其是誘騙拍攝私密影像、進行勒贖，甚至演變成長期性侵，讓不少涉世未深的孩子跌落陷阱，成為俎上肉。

裸照勒贖話術：「星探」、「企業產品行銷」

凌晨時，連續幾通急促的手機鈴聲響起，我一看，顯示的名字是位好友。以我當記者的經驗，半夜友人來電，十之八九是找我出去喝酒；另外就是酒駕被抓，要我去警局陪伴（因我跑社會新聞，與各處警局都相當熟識）。在這個不變的道理下，這些年來我都選擇裝傻不接，改為靜音。

但這位好友自相識以來，即使有再重要的事也未曾深夜來電。螢幕不斷亮起，讓我相當不安，深怕友人真的遇上麻煩，只好勉強通上話。

我都還沒開口，一長串急促又緊張的音調叭拉叭啦傳入耳中。

「小戴，有沒有辦法救救我女兒？她被恐嚇勒贖，歹徒還恐嚇到學校和我家。我怕她會出大事！」

我聽了心裡馬上有底，一件件新聞案例閃過腦海。

「你女兒是不是拍了裸照給別人？她現在幾年級？對方是不是號稱『星探』或是『企業產品行銷』？有沒有先保留電腦或手機的對話紀錄？」

「啊～你怎麼會知道?!」話筒另一端發出一聲驚叫，緊張又急促的聲調瞬間緩和下來。

「你冷靜下來，我一步步地告訴你要怎麼做，這種案子我太熟了，一年要處理至少二、三十件。放心，我向你保證，對方就是詐騙集團，只會裝腔作勢地要錢，你女兒和你們家人不會有人身安全的危險。不過，我擔心裸照有可能會被散布……關於這點，你們和孩子都必須先做好心理建設。」

我最憂慮的就是最後一點。但事情既然已經發生，最壞的情況真的很難避免。

我直截了當地跟他說：「你仔細聽我講，你要選擇妥協，看著女兒長期活在被勒贖的陰影下，失去理性、被對方擺布？還是要揪出混蛋，做好心理建設、一起面對？我會動用所有人脈和力量幫你，不管黑白兩道。」

警方、學校與家庭同陣線

友人選擇信任我的工作專業，於是我立即驅車出門，先帶著這對飽受幾個星期精神折磨的父女完成報案，並請有經驗的刑警指導及分析如何因應，順道對孩子做機會教育。

事不宜遲，雖然是凌晨，我們也聯絡上學校的教官及輔導室、資訊單位、導師等，一一告知學生遇上的狀況，以及未來最壞的發展：裸照被散布，請老師嚴密監控學校網路，並啟動輔導機制，孩子必須由專人進行心理輔導。一旦發現不雅照，就立刻關閉並保留電磁資訊，交由警方追查。

我並嚴正地要求友人，馬上強制更換女兒的電話號碼與所有通訊軟體的帳號、社群帳號，而且一個月內不能上網及使用通訊軟體，以斷絕對方的騷擾。見他們的態度仍有一絲猶疑，我厲色警告，如果做不到這點，我也不幫了。

聽來合理，其實是詐騙話術

這個高二女孩並非網路成癮族，只偶爾會透過社群媒體和朋友聊天。幾個星期前，她突然收到一位陌生女網友的訊息……

先謊稱「大內衣廠牌徵代言人」，要女孩自拍內衣照

在這個訊息中，陌生女網友自稱是「某大內衣廠牌的行銷經理」，因為看了女孩的大頭貼照片，認為相當符合他們公司的形象，熱情地詢問女孩是否願意應徵內衣代言人，不過前提是必須先拍攝穿內衣的照片提供審閱。未來若選上，不但能拍攝代言廣告，更可簽下經紀約往模特兒圈發展，還有百萬代言費。

這個機會猶如天上掉下的幸運。飛上枝頭變鳳凰的星夢，加上金錢的誘惑，讓女孩猶如鬼遮眼般拍了一系列內衣照傳給對方。

再謊稱初選通過，進入決選，要女孩自拍裸照

隔了幾天，這位行銷經理又LINE她，表示公司已經初步審閱通過，將她列為儲備人選。但由於業界規定若要拍攝內衣廣告，必須先確認身體沒有胎記或傷口，所以請她拍攝全

身裸照做最後審核。

已經預見自己即將成為大明星的女孩立刻拿起手機自拍，將照片傳給行銷經理，接著便期待著「錄取通知」到來。然而，接下來卻是噩夢的開始……

「行銷經理」失聯，卻換「幫派大哥」勒索金錢

隔天，一位自稱是「某幫派大哥」的男子突然發訊息告知，表示握有她的裸照，要求女孩立即匯二十萬到指定帳戶。時限內若沒匯錢，就會將她的裸照散發到學校官網等網站，更會把照片貼滿她家的巷子，讓她身敗名裂。

女孩頓時從天堂落入地獄，急著想找「行銷經理」詢問，但這位經理消失了，通訊軟體也將女孩封鎖，各種網路帳號都移除，完全斷了聯繫。幫派大哥則是每天打電話騷擾。一想到自己極可能赤裸裸地示人，成為眾人眼光的焦點，女孩幾乎精神崩潰，夜不成眠又失魂落魄，不敢出門。

然而對方仍不收手，進一步恐嚇若是沒錢，可以提供她「工作機會」，立刻就能賺很多錢，這其實意味著要逼她賣身。並威脅她若告訴家人，就等著讓全國都看光她的裸體。

面臨危機時，跟孩子站在一起

事件發生的幾天後，重新回想一次經過，同樣有個女兒的我非常敬佩這位朋友，他沒有在當下失控地暴怒，也沒有責怪孩子。他選擇了冷靜以對，並配合警察與學校，逐步化解面臨的危機。

我更佩服這孩子，她在遭遇危機時，願意敞開心胸，第一時間對父母說出自己所犯下的錯誤，並在可能面臨排山倒海而來的異樣眼光與訕笑時，以最大的勇氣放下「面子問題」，願意傾聽旁人累積社會歷練與專業的建議，脫離網路勒索的噩夢。

這種案例在台灣一年至少發生數百件，受害者從國小到大學生都有。媒體甚至因報導案例太多，沒了新聞價值，而將這類新聞打入冷宮。

真的萬幸，這個孩子並未繼續遭受騷擾，照片至今未曾出現。但網路無遠弗屆，照片今日沒流出，不代表未來幾年不會，我仍憂心，也力勸這個小女生要做好堅強的心理準備去面對發生的那一天……這份恐懼，無疑會跟隨著她一輩子。

偽裝「正妹渴望男友」，專騙男性

跑新聞多年，看過的悲慘案例不知凡幾，朋友的小孩算得上是一位幸運兒。大多數被害者往往單方面想像著未來的後果，包括家庭成員的指責、外界的異樣眼光、自己的面子等，寧願不斷隱忍，自己承受痛苦的凌遲，也不願讓不堪的一面公諸於世。

這種單純想隱藏自己的念頭，卻可能成為另一種自我傷害，反而讓加害者或是犯罪集團更肆無忌憚地予取予求，直到榨乾為止，甚至可能連整個人生及性命一起陪葬。

害怕是正常的表現，而要能夠提起勇氣，絕對需要家庭、學校及社會、乃至司法的莫大支持。

二〇二三年初，台灣爆發一起重大的網路性剝削案件。有幾名網路「釣魚客」以「正妹渴望男友」為由，利用從網路抓取的正妹照片當成人設，在社群軟體上，亂槍打鳥式地主動搭訕男性，利用花言巧語博取歡心。當對方意亂情迷，開始出現「暈船」的狀況後，設局誘騙對方開視訊自慰，接著利用側錄軟體全都拍下，並將這些影片賣往全球各大色情網站。被蒙在鼓裡的受害者長期地持續與「正妹」聊天，進行網愛的過程也遭到側錄，而成了釣魚客源源不絕提供「新片」的主角。

令人訝異的是，受害男性從國中生到成年人都有，包括律師、藝人與運動員，並有知名職業球星在不知情的情況下，邀集隊友及友人加入，結果讓整個球隊陷入風暴。直到後來「釣魚客」的胃口愈來愈大，勒索幾名男球星付出巨額代價買回私密片，被害人終於報警，整件事才被揭發。但事後卻查出，還有更多國、高中的球員也受害。這些釣魚客向警方自曝，他們是充分利用受害者「擔心曝光」的心理，並且「知名度愈高的人愈好騙」。

台灣的「N號房」，犯案長達五年

二〇二二年，韓國爆發駭人聽聞的「N號房」性犯罪事件。而台灣竟然也有類似的案件。

一名在廣告公司擔任影片剪輯師的男子，從二〇一七年起利用交友APP、臉書及IG，放上亮麗女性的大頭貼，假扮「女經紀人」或「女攝影師」，在各社群媒體亂槍打鳥，以「經紀公司徵求模特兒，錄取後酬勞實薪三千，需視訊面試」，看似平常的徵人話術誘騙女性應徵，並利用變聲器與被害人通電話，讓被害人相信是「女攝影師」。贏得被害人的信任後，再進一步地強調必須先透過視訊確認身材是否合適，接著誘導被害人從清涼照拍到裸體照，每次的拍攝過程全遭到偷偷側錄。但這些被害女性在拍攝完畢後，大部分沒再接到攝影邀約。若拒絕繼續拍攝，他便以側錄影片作籌碼，威脅被害人持續提供猥褻影片，否則要將影片散布上網。

這名惡狼犯案的時間長達五年，警方查出有超過五百名女子受害，遍及全台，甚至離島，年齡層從十歲女童到七十歲的阿嬤都有。

但是警方花費數個月苦勸，最後僅有六名女子挺身提告。原因無他，大部分受害者仍無法面對自己內心，以及外界的眼光。

如果是我的孩子遇上了，怎麼辦？

網路犯罪從二〇一四年手機邁入４G時代開始爆量。網路與社群媒體成為青少年生活中最大的寄託，但伴隨而來的新型態犯罪，尤其是誘騙拍攝私密影像、進行勒贖，甚至演變成長期性侵，讓不少涉世未深的孩子跌落陷阱，成為俎上肉。

聽聞過那麼多悲慘案例，我忍不住會想：如果是自己的孩子遇上了，怎麼辦？

經過再三思索，**我覺悟到，只有用「面對」的方式教育我的孩子避險最為實際。因為無論我們說得再多，孩子仍懵懵懂懂。與其講一些大道理，不如拉著孩子一起來理解。**

所以我陪著孩子，閱讀新聞媒體上我預先篩選過的各種社會案件，並且對於自己看過的血淋淋案例與經驗，解釋事件的前因後果，甚至帶著孩子去看事後的刑案現場，實地說明發生了什麼事。

真的不是要嚇他們，但我希望讓孩子充分知道、體驗害怕，這些閱讀過的社會案例，隨時都可能發生在自己身上或是周邊。

我不富裕，沒有家世背景，說實在的，未來可能無法替小孩留下多有價值的物質資產。不過在最黑暗的社會中打滾多年，也漸漸想通了：我窮到只剩下精采的人生經驗、積極和樂觀的態度能夠留給他們。

我想，孩子看世事的價值觀對了，他們的人生也就對了，我絲毫不必再擔憂。

FILE 4

「網路霸凌」是隱形惡魔

「鍵盤殺手」讓孩子嚴重懷疑自己，而走上絕路

兒福聯盟二〇二二年的調查報告顯示，超過兩成兒少曾遭受網路霸凌，其中有26%的孩子想過要傷害自己。在網路環境下成長的新世代青少年，正面臨網路霸凌的嚴峻危機。

網路霸凌受害者
對生命的「隱性絕望」

二〇一五年四月，楊姓藝人因為遭同儕排擠和受不了長期的網路攻擊言論，而選擇自殺身亡，台灣社會從此時開始真正關注網路霸凌的遺毒。

然而遲至二〇二〇年七月，教育部才正式將「網路霸凌」列入校園霸凌的行為項目之一，但在此之前，已有眾多青少年因無法擺脫鍵盤後方的辱罵酸言，選擇絕路以躲避世間的是非。

對於網路霸凌，很多人不在乎地說：「講兩句而已，又不會痛。」雖然網路上只有言語暴力，許多人因為沒有切膚之痛，因而直覺地認為傷害比遭到肢體暴力小，卻忽略了網路霸凌受害者對生命的隱性絕望。

在網路世界裡，要將一個人侮辱、毀謗到想自殺，不但有可能，甚至並不是非常困難。大家不妨從自身的經驗回想，若在生活中遭到親近的家人、朋友或同事碎念、抱怨，甚至辱罵，心情可能一個星期都好不起來，甚或有人暗記在心多年。萬一遇到不認識的人們排山倒海而來，短則幾天、長至數年，以更尖酸刻薄、甚至捏造事實抹黑，有如「滿漢全席」的鍵盤羞辱呢？連大人都可能面臨崩潰，何況是懵懂的單純孩子。

新世代青少年正面臨網路霸凌的嚴峻危機。他們在網路環境下成長，生活作息幾乎都依賴網路，無法避免在網路上被別人評價。在心智不夠成熟下，承受不了酸言酸語，一時想不開便走上絕路。

根據兒福聯盟二〇二二年公布的調查報告顯示，超過兩成的兒少曾遭受網路霸凌，其中有一半的情緒受到嚴重影響，更駭人的是，26％的孩子曾想過要傷害自己。這顯示網路上的言語霸凌讓孩子們深受困擾，感到焦慮。

遭到網路霸凌的母女

有個二〇一九年的案例，很讓人心疼。

國二女學生依依某天凌晨收到臉書私訊，卻是一個男同學以粗鄙的文字問：「你是不是想被X？」依依並未理會。然而，這段言語騷擾在全班流傳開來，讓她飽受嘲笑。不少同學更仿效著傳給她不堪入目的訊息內容，甚至問她：「有沒有在『援』？」

依依大受打擊之下，情緒低落，連家人也不太搭理。媽媽見女兒不對勁，再三追問，才得知女兒原來正遭受各種流言訕笑。

她心疼又憤怒地在女兒的臉書PO文，嗆道：「我這個媽非常凶悍。」「同學們，等著學務處通知你們的父母親！」但這群國中孩子根本不在乎，反而群起猛攻依依的媽媽，並將對話截圖PO到班級群組內，刻薄地嘲諷她們母女，隨後將依依踢出群組。

為了保護女兒，媽媽將依依的同學、好友聯絡統統封鎖，未料引爆更大的回擊浪潮，同學用更恐怖、無情的字眼大量抹黑攻擊，還有人直接嗆這位媽媽。

最後，依依出現了放棄自我的嚴重憂鬱傾向，多次想要離開這個世界，幸好都保住小命。

類似依依的案例，在台灣校園中層出不窮。

二〇二三年，董氏基金會分析青少年的自殺原因，發現網路霸凌、校園霸凌是主因，而憂鬱情緒嚴重到需要專業協助者約占37%，意圖自殺者更占了一定的比例。根據統計，每年遭霸凌的青少年約有兩萬八千多人，意圖自殺者約五千人。

尤其在疫情期間，青少年長時間在家遠距上學，增加了網路互動機會，又形成更多霸凌的成因。

受害者怕被孤立、任人辱罵，並且極度自責

大多數被害者甚至不清楚自己正遭到霸凌，反而開始質疑自己，覺得「是自己不夠好，才會被別人討厭」。

同樣是二〇一九年，某天我在派出所，有位年輕媽媽慌張又氣憤地前來報案，大喊著：「我一定要告死那六個同學！」

她不斷詢問值班警員，她的女兒遭同學集體在網路上辱罵，要如何處理，並激動地表示一定要告這六個人公然侮辱，而且絕不和解。

她對著員警哭訴：「我女兒快要一個月不講話了！我很怕會發生事情……」

原來她讀國一的女兒，三個月前被國小同學拉進群組後，疑似和同學吵架，結果遭到集體圍剿，同學不斷用「婊」、「賤人」叫她，還罵她「當狗也不配」、「只夠格吃屎」。少女向來把這些老同學放在心裡第一位，不了解為何自己的道歉，大家置之不理。她不斷地質疑自己一定是哪裡做錯，得罪了大家。又擔心退群會被孤立、不回訊息會讓同學更生氣，因而任人辱罵，一方面又極度自責。

漸漸地，她開始不和家人說話，整天關在房內，還曾想離開家，甚至有尋短的念頭。

家人原以為她是上國中不適應，為了功課煩惱而心情不好。直到有天姊姊因手機壞了，借用她的手機，不經意地看到群組的對話才恍然大悟，妹妹的行為異常原來事出有因！女孩悶了數個月的遭遇和壓力才終於曝光。

再多傷痛和懊悔，也挽不回一條生命

在孩子陽光笑臉的背後，隱藏了太多不願對大人說出的祕密，每一個故事，都可能是觸發他們理智斷裂的因子。

寫到這裡，我眼前浮現那個長期遭受網路霸凌的國一男生，同學形容他最後微笑著揮手道別的身影……

國小時，他是表現優異的運動高手，相當受到同學歡迎。任誰也想不到在那陽光外表底下，隱藏著一塊陰影——或許因為是校園風雲人物，有同學眼紅，在網路上對他謾罵、放話要整他，甚至抹黑他偷東西、騷擾女同學。

升上國中後，他擔任球隊副隊長，加上外型高大，成為學姊、學妹們眾星拱月的對象。但隨著他人氣漸增，愈來愈多學長及同學開始加入攻擊他的行列。不過青春期的荷爾蒙，讓他的情緒被挑動，仗著身材不輸人，他也開始找在網路抹黑自己的同學拚輸贏。

二〇二二年三月，男孩又為了同學在網路上罵他一事，和對方起衝突，但最後反而是他吃了一支大過，又淪為大家在網路上的笑柄。當時他並未表現得多受傷，依然與大夥談笑、打球。

兩天後，上午第二堂課剛結束，他站在走廊上，微笑著向聊天打鬧的同學們揮手道再見，大家還沒反應過來，他已轉身，攀過欄杆……

「聽說他長期被網路霸凌，因為被記過很難過。他墜樓前，還跟同學們揮手說再見……身為家長的我聽了心中好傷痛，一個小孩就這樣走了，真的很心痛……」

事後，不少目擊同學的家長紛紛在自己的臉書上寫文悼念。但是又如何？孩子終究還是離我們遠去。

網路霸凌，人在家中也極難閃避

網路霸凌的受害者多半保持沉默，尤其當加害者是同學時，當事人更不願意向師長尋求協助，家長往往也是最後才知道，難以相信平常乖巧的孩子會去霸凌別人，或是看似平靜，實際上卻正遭遇霸凌。**原以為孩子沒有往外跑，待在家裡很安全，殊不知網路霸凌的威力是難以閃避的。**

況且，現代孩子操作網路的純熟程度早已超過我們想像。

我曾採訪過一個案件，兩名高中女生同時愛上一個男生，結果原本是閨密的她們反目成仇。

其中一人找到一篇高中生仙人跳的網路新聞，重新後製成「假新聞」，使用聳動的標題，將好友的照片當成女主角，連校名與本名一併公布，同時假造記者署名，乍看與真正的新聞無異。在報導下方，她還假冒好友的身分留言：「輕鬆入袋！不懂現在的人為何說錢難賺！」

這篇「假新聞」被刊載於各大社群媒體，頓時被影射的女孩成為網路紅人，遭肉搜出來後，全校議論紛紛。不知情的同學與網友群起攻訐，讓受害的當事人一度想不開。

網路流言，我選擇「不盲從」

網路霸凌的恐怖，就是大家只求一個「爽」字，透過不受限制的文字挑撥與謾罵。而受害者無論暴跳如雷、自怨自艾或失控回擊，都只讓躲在鍵盤背後的「魔鬼們」，看著受害者驚慌失措的一舉一動，滿足自己的偷窺欲或報復的欲望，甚至四處分享，達到快感加乘的效果。**用嘴巴罵人，聲音只停留在一瞬間；用鍵盤罵人，每句如利刃的文字，永遠都留在網頁上，每一次被人看過、按讚、分享，當事人就如同再一次地被攻擊。**

網路世界裡，在一旁「敲碗喊燒」的不相干者或無法明辨是非的人太多，甚至形成臭味相投的群聚效應，不僅是火上加油，還可能引發大爆炸，澈底毀滅遭霸凌的對象。

網路時代的酸言已嚴重到如刀槍殺人。看過那麼多慘劇，我真心提醒所有網路使用者，一句小玩笑、或是附和著他人謾罵，很容易透過網路而演變成無法控制的集體暴民行動，最後甚至可能以人命為代價。

網路之惡難以抵擋，其實，誰也難保下一個受害者不會輪到自己。那麼，我們是否應共同來努力維持自身之善——至少做到「不盲從」，就是最好的開始。

FILE 5

在虛擬世界，什麼叫「痛」？

「網路虛擬」與「現實」模糊化，正逐步侵蝕孩子的心志，將孩子推入「網路幫派」的黑洞

網路、各類媒體和漫畫，三者構築出無邊無際的虛擬世界，模糊了一個人對於現實世界「界線」的釐清與判斷，將「虛擬」世界的相處方式，搬到現實中，以致使用的暴力手段愈見殘忍，不知痛為何物。尤其是「網路成癮」，近二十年來成為犯罪來源隱藏的黑洞。

新世代「網路幫派」誕生，更肆無忌憚

「小戴，你看看槍手那個樣子，才十六歲就已經完全沒人性！看人的眼神好像全世界都欠他。殺人像得了獎，還囂張到把新聞PO上網炫耀好吸收小弟。傷害人像玩遊戲，完全不知道什麼叫痛！」

見我又為了少年聚眾事件到警局採訪，相熟的偵查隊小隊長感嘆地搖頭對我說。這位老刑警，眾黑幫大哥聽到他的名號都得倒退三分，低頭敬畏。這類案子，他辦過不知多少件。

「最荒謬的是這些『球棒少年』都是響應網路的號召而聚集，最後被帶回警局時，往往彼此不認識。完全不懂他們在瞎挺什麼，有什麼理由拿自己的命替別人出頭！如果有任何代價還說得過去，但每次只要一有人在網路上吆喝，這些孩子立刻從家裡、網咖等

處衝到現場助陣，一陣砍殺後，誰是誰都還搞不清楚。真不知道他們的腦筋在想什麼！」

我問：「小隊長，這些人都是混哪裡的？帶頭的是誰？現在哪個堂口最凶？」

老刑警嘆口氣，回答：「誰最凶？網路幫派最凶啦！簡直無法無天。他們藏在哪？利益在哪？誰是大哥主事者？我們平時根本無法掌握，都只能在案發後才一個一個抓，毫無防堵的機會。」

網路與通訊軟體的恐怖力量

近年來，街頭愈來愈常發生「黑衣人球棒隊」的暴力事件，輕則聚眾砸車或砸店，重則集體淪為黑幫的專業打手。只要帶頭者一個指令，球棒隊成員可以在最短時間內，各自攜帶武器前往指定地點集結，下手行凶。

在台灣，網路幫派犯下最血淋淋的案例是二〇一四年，台北市信義區的「夜店殺警案」，震驚警界與社會：一對酒醉的富少情侶與夜店的保安發生口角後，利用群組及網路號召打手。從富少傳出第一則簡訊後，半小時內集結了七十二人，一分鐘內就奪走一名警察的生命，撕裂一個圓滿的家庭。

讓警方感到顫慄的是，釐清這七十二名行凶者的身分及關係後，才驚覺他們大多互不相識，有人甚至分屬敵對幫派，彼此互有嫌隙，卻靠著網路動員與通訊群組呼叫而來，見有人動手就也跟著動武，毫無動機與目的。這個案件讓警方首次體認到網路與通訊軟體動員的恐怖力量。

直到這時，台灣才真正開始思考如何防治網路幫派犯罪。

「網路虛擬堂口」的幕後大哥，是未成年少年

現代青少年出生於數位世界，但誰也沒料到，連傳統黑幫與角頭也在網路Z世代的風潮中，受到嚴重挑戰。

在過去的黑道，要爬到「大哥」位置，靠的是入幫資歷及累積的戰功。但網路愈加發

達下，江湖中和警方檔案裡都找不到名字、輩分的「鍵盤手大哥」，卻能瞬間掌握強大戰力，迅速崛起坐大，其祕訣就是充分運用了網路的特性。

「網路虛擬堂口」不像以前的幫派要租房子裝潢、開公司或酒店做掩護。如今只要發現有異常，黑幫就會在網路上打出「解散」的消息，然後重新換個網址和名稱，就可再招兵買馬。更新的速度之快，讓仍以傳統慣用的監聽、埋伏等手段偵查的警方感到措手不及。

我曾在警局與一名十七歲少年深談。這名綽號「判官」的少年是竹聯幫的一員，他打破黑道規則，是台灣首位在網站上公開表明要「號召小弟」的道上兄弟，並將入幫資格設定為「十五歲以上、三十歲以下，身高最好一百七十四公分以上」，此公告在網路上引發熱議。

當時有人挑釁地留言：「你才十七歲，有那麼夠力嗎？有夠拿一把槍的力量嗎？殺過人嗎？」

血氣方剛的判官為了展現實力，向大哥借了一把槍，竟然就在台中街頭直接開槍殺人，事後並帶槍投案，展現他所謂的氣魄。

這段街頭喋血的新聞迅速在網路流傳，瞬間吸引了六千多人上他架設的堂口網站瀏覽。即使在身陷司法審理期間，他也成功吸收了一百四十五人入幫，成為幫內最大的組織之一。

此例一開，立刻引起其他幫派的少年成員仿效，每個人都想當風光的大哥。其中，竹聯幫另一個堂口的成員阿雄喊出「智慧犯罪，重感情！努力念書，重義氣！」的會旨，透過網路遊戲，專門吸收國、高中學生加入。他開出的入會條件讓警方啼笑皆非，包括：不亂鬧事，誰先動手就是誰錯，嘴巴要緊，男女不拘，限國中生和高中生，還有一項是「忠孝仁義四個必備」。

另一個幫派網站，幕後大哥是個國一少年。身材瘦小的他，大頭貼照片看似渾身刺青的凶狠分子，自稱十九歲。他最大的樂趣就是在網路遊戲中選定高手玩家後，藉機製造言語衝突，接著號召遊戲的隊友們約出對方，集體痛毆，逼對方吐出寶物來換取金錢。旗下竟然有六十餘名國、高中生機動性地替他賣命。

深陷網路射擊遊戲，分不清虛擬與現實的小學生

青少年最常接觸的網路、各類媒體和漫畫，大都是天使和魔鬼的「拔河戰」，雖然確實有積極的正面意義，但背後隱藏著更大隱憂、且更必須注意的是：三者構築出無邊無際的虛擬世界，模糊了一個人對於現實世界「界線」的釐清與判斷，將「虛擬」世界的相處方式，搬到現實中，以致使用的暴力手段愈見殘忍。

尤其是「網路成癮」，近二十年來也成為犯罪來源隱藏的黑洞。沉溺於網路遊戲，尤其是殺戮類型的遊戲，真的足以毀掉一個人的人生，危害程度絕對不輸毒品成癮。

「千錯萬錯都是社會的錯，不然就是父母、老師的錯。我只是玩網路遊戲，錯在哪？」這是我多年來看過太多個案少年回答警察偵訊時的「制式答案」，真的很寒心。

孩子生活在虛擬世界中，造成**對現實生活的界線變得模糊，誤認為「按鍵盤」就會讓「夢想成真」，使得思維模式只靠投射在遊戲角色上實現。時間一久，便會取代真實自我，**隱

藏的犯罪可能性便增加。

依附著電腦遊戲長大的孩子，終日沉浸在殺個你死我活的環境中，產生錯誤人際關係及社會認知。**對手玩家或電腦不會對他說：「我好痛。」「你這樣的言語和行為已經觸法。」**網路遊戲更不會讓孩子了解未來需面臨的後果，例如造成社會恐慌、朋友身心受創或背負刑責。

青少年一路誤將虛擬事物當成模仿及學習對象，還真的以為自己就是主角。

這不是危言聳聽。我印象最深刻、最讓人哭笑不得的案例是，一名愛玩「CS特種部隊」射擊遊戲的小學五年級男童，實在太過於專注在遊戲角色中，身體行為和思考模式都出現仿效化的情況。

被母親強迫押到醫院求診時，在大廳、走廊以及診間，他彷彿生存在電腦遊戲實境的槍林彈雨世界，分不清自己到底身處於哪個時空、何者是現實、何者為遊戲。只見他擺出軍人的標準巷戰姿態，以認真的神情與熟練的身手，時而在門後探頭、時而又藏向角落，活脫脫是個專業的反恐菁英。

他的家人一開始覺得可愛又好笑，久了才發現，已換不回孩子童稚的天真笑容。

黑幫網路，入侵青少年的網路世界

黑幫網路家族入侵青少年最愛的網路世界，網頁後面「黑影」幢幢，成為繼色情問題外，另一個蠱惑青少年的陷阱。根據警方清查歷來從網路加入各幫派的上千名成員身分，絕大多數都還是學生，印證網路無遠弗屆的力量對青少年具有致命的吸引力。

這些全躲在網路遊戲與鍵盤後的成員，到底如何凝聚向心力？有趣的是，這時又回歸正常青少年間該有的活動。他們透過壓榨而來的網路寶物，或是大哥偶爾讓大夥嚐個小甜頭，舉辦生日聚會及唱歌、郊遊。

如果想要升上幹部，就必須拉人入幫，還要把新成員的照片PO上網，以昭公信。我曾在他們的私訊中，看到一張有五名國中生齊聚學校廁所的合照，旁邊寫著「這是我的新兄弟」，為黑幫入侵校園做了諷刺的見證。

幾年前，警方進行全省大掃黑時，逮捕了一名十五歲的網紅美少女「小煞」。她用著和可愛長相完全相反的狠名，在校園內是個小大姊頭，有著道上兄弟般的狠勁。某次，她帶著幾名小跟班尋仇踹人，將影片PO上網，意外地一夕爆紅。網路黑幫立刻將其吸收為成員。

有了這些拜倒在她石榴裙下的大哥們庇蔭，小煞簡直像在街頭橫著走，靠著在網路上呼風喚雨，四處召集隊友以暴力恐嚇取財，甚至當起校園藥頭賣毒品。

雖然終究落入法網，但她十五歲之後的人生，又會是如何？

利用聊天室私訊，召集少年入幫

近年來，各大幫派為了招收人馬，興起利用拍攝抖音影片及建立粉絲團的方式，一來PO出犯案時的影片，二來將盛大的尾牙、春酒等場面，穿著光鮮、超跑配辣妹的排場放上網，充分利用少年內心寂寞、崇拜黑道的心理，招攬人手。

警方估計類似的網站有上百個，幾乎都是各大幫派組織在幕後操控。為了躲避警方掃蕩，在這些網站上並不會公開招募，僅利用聊天室私訊的方式召集少年入幫，除了壯大聲勢外，還可能成為所謂的儲備幹部和專業打手。

我認識不少各幫派的新一代大哥，閒聊之間，他們對於自己跟上時代潮流，走入網路化、當起「類網紅」，頗為沾沾自喜，認為自己的堂口與少年在網路上連結是「互蒙其利」。

但在我看來，僅有「利用」的成分居多，只是透過背後有靠山與蠅頭小利，各自滿足需求。

道上兄弟精得很，絕不做有損自己利益的事情。因此透過網路招募少年入幫，往往可獲得多面向利益。尤其是培養這些孩子所支付的成本與花費較少，還省下成人不定時必須犒賞至聲色場所的鉅額支出。

而且外出打拚爭奪或遇有利益衝突時，少年成員敢衝、敢拚，靠著狠勁，全力為公司「打天下」。加上忠誠又聽話，也較沒有實力和膽識敢鬥爭奪位，對於壯大組織的聲勢來說相當好用。

而這些孩子，往往只因為幫派大哥提供了同儕的歸屬感，就完全誓死效忠。之所以加入幫派並非為了賺錢，初步動機往往只是想尋求保護，或是找到強大的靠山，讓自己更有氣勢欺凌他人。

此外，青少年的英雄主義往往也是一個主要原因。透過大量的網路影片，他們看到大哥們高調炫富，滿桌的現金、豪宅與名車，大手筆請客，有左右小弟簇擁……便以為只要成了其中一員也可以如此風光，往往容易被誤導、迷惑。

成為犧牲品的少年們

但，跑新聞近二十七年來，我見到的風光大哥們依然風光，招募而來的少年「馬前卒們」前仆後繼，最終都成了犧牲品。我未曾看見臉上嶄露風光與「變大尾」後，享受奢華的孩子。

我看到的，盡是他們仇恨、冰冷的眼神，以及中年出獄後，盲目的餘生。

FILE 6

被當成殺人機器的「少年槍手」

殘暴小殺手走上不歸路的真相

國二之前的他是師長、同學眼中的乖小孩，國三卻開始混入黑道。在這段成長關鍵期，父親因吸毒多次入獄，母親離家不知去向，由祖父母撫養的他，開始蹺課、混黑幫，偷車、搶皮包和搶銀樓，最後為了替老大復仇，成了台灣第一名少年殺手。

帶著長槍自首的少年

二〇二三年四月二十日早上七點多，我才剛進辦公室，一通電話響起：「小戴，土城剛剛有重大槍擊，一間民宅被歹徒當街掃射四、五十槍！」

當街掃射如此多槍，這可是不得了的大事，我立刻吩咐同仁趕發即時新聞。幾分鐘後新聞才剛上線，電話再度響起：「小戴，槍手帶著長槍到派出所自首了。」

我一聽，立刻轉頭對同事說：「另起一篇文，就寫『疑似少年槍手帶槍自首，動機調查中』。」

年輕同仁轉頭狐疑地問我：「副總，你怎麼知道開槍的是少年？」

「經驗判斷啦。會這樣警告性質開槍，然後又馬上自首的，不是頂罪，就是少年。你先寫，有最新消息再趕快更正。」我說。

果然，案情一如我所預料：由於幫派糾紛，竹聯幫綽號「鯨魚」的組長指示下屬派出一名少年槍手，到華山幫的當鋪堂口開了兩槍警告；而華山幫也不是省油的燈，接著將「鯨魚」的座車打成蜂窩。「鯨魚」怒不可抑，再度指示下屬提供改造衝鋒槍給劉姓少年，他朝著當鋪的鐵捲門掃射五十一槍後，帶著犯案的槍枝到派出所投案。

年輕同仁聽完警方說明案情，直衝著我喊：「你也太神啦！」

不，其實不是這樣。近二十七年來，已記不得多少次了，當遇到突發的重大治安刑事案件，包括槍擊、凶殺等，為了求得發稿先機，常常要靠著累積多年的經驗法則預判案件的發展。與幫派兄弟長年交往下來，雙方的恩怨糾葛、會透過何種方式報復、事後會運用何種手法躲避警方追查等，我幾乎了然於胸。

每一段案件記憶，往往讓我在撰寫新聞時，能「預言」般精準地研判案發原因、嫌犯的身分和動機，而且屢試不爽。

但在精準研判的背後，與幫派的犯罪模式趨於「一致性」也密切相關，尤其是四處橫行的「少年殺手」犯罪。

這幾年，只要出現槍手當街開槍掃射後，迅速帶槍投案的情況，經驗法則都告訴我，這是幫派為爭奪毒品、土地開發、詐騙等利益互打，而且開槍者八九不離十是「少年犯」。只要根據這幾個特徵研判，答案在事後幾乎全部賓果。

老大叫他放學後，直接去取槍

二〇〇九年，在高雄市知名的雪麗舞廳門口，一名槍手持步槍朝一輛賓士車連轟十八槍。幾天後，有一名楊姓少年帶著作案槍枝，在律師及母親的陪同下，向警方投案。當時才國二的他向專案小組表明自己是槍手。刑警一臉狐疑，端詳著眼前稚嫩的瘦小少年，直呼：「怎麼可能！十四歲的少年開槍？你是替誰頂罪？」

警方播放監視器畫面比對槍手的身影，確實相當瘦弱、矮小。現場目擊者與被害的賓士車主也都曾形容開槍的人看起來像小孩子。然而即便指證歷歷，仍無法化解專案小組的疑慮，直覺認為他是受到教唆來頂替的替死鬼。

直到幕後主謀落網，他們才驚覺：「這孩子沒有說謊！」

由於雪麗舞廳的經營權爭奪糾紛，兩派股東的背後勢力多次在街頭尋仇火拚。因涉及其他刑事案件而由法院裁定交付父母保護管束的楊姓少年，案發當天到學校上課，放學後接到大哥的指令，便去取槍，前往雪麗舞廳，朝一名對手股東的座車掃射。

有幾個國中生有機會見到真槍？但楊姓少年卻早已在幫派訓練下，大膽地操作槍枝，而且不顧被害人生命及路人安危，當街亂掃。

他所依恃的所謂「勇氣」，到底從何而來？

從「古椎仔」變成殺手

這件少年開槍示警案的隔年，發生了台灣少年槍手犯下「殺人」重大刑案的開端：二〇一〇年五月二十八日，台中市發生重大槍擊案，知名角頭翁奇楠與道上兄弟在自己的招待所內，遭一名槍手一路從屋外掃射進屋內，兩人身中數槍，當場死亡。當時在場一同打麻將的四名警官與刑警則逃過一劫。

我因為與翁奇楠熟識，奉命到台中採訪。歷經三個多月的偵辦過程，警方掌握了開槍的殺手是少年廖國豪，犯下殺人案的當下，他仍未成年。就在年滿十八歲當天，他在立委與律師陪同下投案。

投案時，廖國豪的態度冷靜，但不斷埋怨：「台灣的教育害了我，因為我在學校得不到認同，老師不喜歡我，所以只好蹺課、蹺家。」

警方深入調查他的背景，回溯成長過往，他從同學暱稱為「古椎仔」的單純少年變成一個殺手，轉變期間不過短短一、兩年。

國二之前的他是師長、同學眼中的乖小孩，擔任籃球隊長；升上國三後，卻開始混入黑道。

在這段成長關鍵期，父親因吸毒多次入獄，母親離家不知去向，他由祖父母撫養。他開始蹺課、混黑幫，偷車、搶皮包和搶銀樓，最後為了替老大復仇，成了台灣第一名少年殺手。

黑幫有一套固定的犯罪組曲

而從「廖國豪犯案模式」後，台灣各大幫派似乎看到了「犯罪的指引燈塔」，因此發展出固定的「犯罪組曲」：幕後主使者吩咐手下物色少年槍手，再由其他成員籌措槍彈，交代好要狙殺的目標後，幕後主謀先出國避風頭；在此同時，少年槍手執行狙殺任務（不帶手機，以免遭逆向追查出幕後黑手），做案後，立刻帶著犯案的槍彈，由安排好的「律師團」陪同投案，並交代槍枝是死亡多年的兄弟所寄放。如此一來，主謀完全能撇清關係。

這套安排好的劇本，在幫派火拚中不斷地重複上演，而少年槍手幾乎都被輕判。

對此，警方除了無奈，還是無奈，因為黑道聰明地掌握了「法律站在保護少年這一方」這點。

少年被幫派當成了犯案的替代工具

台灣對於少年觸法者的寬容，主要源於一九九七年《少年事件處理法》大修正。當年的校園相對純樸，極少發生重大刑案，因此社會各界一致提出要「以教育代替處罰，輔導代替管訓」，修法內容對觸法少年相當保護，規定少年犯須犯下本刑五年以上的重罪（如殺人、強盜等）才可以移送法辦。

在此條件下，若是傷害、霸凌、鬥毆、性侵、拍裸照等犯行，絕大多數是交由少年法庭調查後，由法官裁定，有假日輔導訓誡、保護管束及感化教育這三種。而為了依法保護少年的最佳利益，除非家庭有特殊狀況，一般來說，法官幾乎都裁定假日輔導訓誡或保護管束。

黑道便掐住了法律的弱點，利用少年成為幫派犯案的替代工具。

然而在廖國豪開槍殺人後，警方及司法單位仍未意識到，「少年槍手」將成為一股新興的犯案模式。

一幕幕血腥爭戰背後，我們看到的實際狀況是：在背後「老大」的指導下，觸法少年走出地方法院後，又回到幫派組織。而且因為有了犯案及進出法院的紀錄，在幫派中的等級立刻晉升為小大哥，走路有風，為了帶領小弟，下手更是日漸凶狠。

改變的契機在哪裡？

二〇二三年五月《少年事件處理法》四次修正後，少年法庭已不再具有強制力處置逃學或逃家的少年。新制度下，觸法少年在開庭審理前，要先由少年調查保護官調查品格、身心狀況、家庭與行為動機，了解觸法原因；若年滿十四歲、且觸犯最輕本刑五年以上，才會裁定移送檢察官，起訴後，再移至少年法庭審理及判決。

問題就在少年調查保護官的數量極度不足，二〇二二年統計全台法院僅一百九十二名，而司法院統計每年有超過一萬名觸法少年。司法院少年及家事廳廳長謝靜慧坦言，人力實在極度不足，但未來會持續爭取。

每個少年的背後，不是只有家庭與學校那麼簡單，多數摻雜了同儕、幫派或犯罪團體的影響及操控，下指導棋。加上黑幫聘用的律師顧問擅長遊走於法律邊緣，若抓著這個對少年的有利法則，前進校園吸收未滿十四歲的少年新血，將可能造成犯罪年齡層愈來愈低的苦果。

期待曾經的少年殺手，蛻變成蝶

感化教育，必須讓少年澈底地重新認識自己及生命的意義，喚起面對未來人生的動力與願景，才更顯得用意深遠。假使缺乏全面性改造，當他們離開矯正學校，若仍欠缺對自己及社會的認知，無法理性、正常地處理對人及環境的互動，犯罪不過又是遲早的事。改變要趁早。透過感化以澈底洗去觸法少年過去的錯誤觀念，才是根本之道。只有等到他們真正了解「生活和待人處事的技巧」，才算是踏出成功的第一步。

能創造自己人生奇蹟的，就是每個少年自己。而創下遭判最重三十年刑期的「角頭翁奇楠命案」的少年槍手廖國豪，又替自己寫下創舉。

他歷經少年觀護所、高雄的矯正學校「明陽中學」，成年後轉到台中監獄，到二〇二三年已服刑超過十三年，已經達到申請假釋標準。在台中監獄就讀空中大學期間，年年名列前茅，最後順利取得大學學位，完全讓獄方人員刮目相看。

這些年，廖國豪將多次參加作文比賽累積獲得的一萬多元獎金全捐給弱勢團體，並固定與輔導他的黃明鎮牧師有書信往來，文字中盡是對於當年的莽撞不懂事悔不當初，甚至為此篤信基督教。

廖國豪對黃明鎮牧師說：「我未來成功假釋後，希望能再去讀神學院，傳道於人。」

他將這些年來輔導人員的教導化為養分，在獄中成長結蛹後，羽化蛻變，逐漸展翅成為即將飛向新世界的蝴蝶。

我想，這將是台灣感化教育中最美麗，也最令人期盼的一幕風景。

FILE 7

陣頭家將七彩臉譜下的迷茫青春

令人生畏的街頭少年鬼殺隊，如何生成？

缺乏家庭與學校提供的「感情鍊」，讓孩子為依附宮廟生存、尋求同溫層，不惜成為打手。為了追求認同、尋找歸屬感，更為了在同儕中獲得肯定，他們在陣頭中穿梭遊走，卻漸漸迷失了人生的方向。

「家庭式宮廟」假陣頭之名，行犯罪之實

鑼鼓及鞭炮聲中，一張張神將的七彩臉譜伴隨著法器，在火藥與香火的濃重煙幕中慢慢浮現……這是大小廟會常見到的一幕。

然而，原本主要是中壯年人士參與的廟會與乩童、家將活動，漸漸地開始出現大批黑衣青少年——威嚴的神將臉譜下換成稚嫩的臉，在有心人操作下，手上的法器成為鬥毆、討債的犯罪工具，造成陣頭文化儼然與黑道相連結的印象。

依我了解，台灣各地陣頭或家將型態的團體是「在地化形式」，雖然成立的宗旨或初衷與幫派無關聯，對治安及青少年的危害卻更甚於幫派。這種過去被正統幫派視為最不入流的行徑，在眼中只有「利益」、沒有「道義」的新一代分子加入後，成了令警方頭

痛的治安問題之一。

不少角頭深知青少年的「好用」，在家中擺張神壇、放具天公爐，紛紛開起「家庭式」的宮廟，藉神明招牌吸引青少年加入，假陣頭之名而大張旗鼓行犯罪之實。

根據我的採訪經驗，警方所掃蕩的上百個陣頭與宮廟組織全是掛羊頭賣狗肉，有人力、無財力的小組織。近年來又發展成幫派或角頭，甚至地下錢莊的「小包商」，由幕後藏鏡人出錢，陣頭出人力，負責協助在各種婚喪喜慶及大型宮廟活動中壯大聲勢，或是專責進行暴力討債。一旦出事，幕後幫派還可撇得一乾二淨，對他們來說是一舉兩得。

不肖陣頭，以「傷害自己人」為優先

這種非法的宮廟陣頭與幫派組織有很大的不同。最大的差異是幫派多以「傷害他人」為主，但不肖陣頭為了掌握大多較無自主行為能力的少年男女，把他們當成利用工具，反而都是以「傷害自己人」為優先，動輒威脅、恐嚇或是施予毒品。

新北市少年隊掃蕩過一個陣頭，三十餘名成員中，只有兩個是成年人，其他清一色是十四歲到十七歲的少男少女。

這個陣頭的宮主不過就是個地方混混，靠著平日收容住家附近的國、高中生，請請香菸、檳榔及吃吃飯，同學一個拉一個，不久便成為一個凝聚力極高的小團體，宮廟儼然成為孩子們的聚會所。

孩子們平時跟著宮主四處參加宮廟活動，扛旗、打鑼、湊人場，每次出席可以領三百到五百元。若是遇到陣頭之間有衝突，就跟著一起喊「殺」。平常成員都是團進團出地活動，人多勢眾。

為求生存，成員也替宮主在校園內販售安非他命與K他命，集體霸凌、勒索同學，校方不敢介入。除了集體行動外，還必須嚴守「兄弟如手足、女人如衣服、退出會流血」的幫規。

除了宮廟聚會，宮主也帶領著成員們替地方角頭、地下錢莊進行暴力討債，向店家收保護費，動輒大批人馬持著球棒、西瓜刀砸店，逼迫債務人簽下鉅額本票，甚至到被害人的住家和公司，以車輪戰方式噴漆、按門鈴叫囂。

幾名參與其中的少女落網後，說出更不堪的內幕：宮主竟逼迫她們「慰勞」兄弟們，甚至誘騙其他女同學成為受害對象。

渴望歸屬感的孩子成了打手

陣頭的組織與行為模式，幾乎就是目前台灣「走歪路」宮廟文化的縮影，大大影響民眾的觀感。陣頭少年被套上逞凶鬥狠的負面印象，更被貼上「8+9」的嘲諷標籤。

有次新北市蘆洲舉行盛大廟會，各地陣頭互相較勁，數百名宮廟成員占了整條馬路，放煙火和鞭炮，其中絕大多數是青少年。四名員警上前勸阻，卻遭推倒及圍毆，現場百餘人情緒高張地喊著：「打死警察！衝啊！」街頭成了失序狀態，直到支援警力即時趕到，連續開了十二槍，現場的陣頭成員們才鳥獸散。

動手的青少年沒有愧疚之色，反而理直氣壯地指責警察干涉他們迎神。事後問他們為何要對警察動手，少年們不約而同地表示：「大家喊打，我當然要打。」

在學校、家裡被視為廢物，覺得宮廟才有人情味

警方觀察曾逮捕過的參與陣頭鬧事或犯案的青少年，多是所謂的邊緣學生。**宮廟及陣頭成了失意少年溫暖的避風港**，在團體內，他們可以找到「同溫層」感受的同儕。宮主則藉著神明活動當掩護，一步步地誘使這些渴望歸屬感的孩子們成為自己的打手。

我曾和一名參與街頭鬥毆的家將少年淺聊。在面對他時，我深深感到寒意，因為他多次瞪大著眼說，要是我繼續採訪他，他出警局後會烙人堵我，讓我死得很難看。我並不覺得他是在說玩笑話。

這名國二少年說，自己成績差，在學校被老師視為廢物，但在陣頭中，夥伴沒人談論成績和家庭，就是盡情地吃喝玩樂，宮廟比家裡還有人情味。

講到這裡，他眼神一亮，語帶驕傲地說：「我畫上臉譜後就是神明代言人，走在街頭，所有人都要讓開。我喜歡眾人的歡呼與掌聲。」

想脫離，卻被自己人痛毆

但在享受臉上那張讓人敬畏的家將臉譜帶來的「自尊」下，這些青少年卻在宮廟的控制之中，比任何人都卑微地生活著……我看過他們被狠狠修理的扭曲面容。

幾年前，彰化出現一個專門進行暴力討債、四處鬥毆的地方神將團體。這個陣頭為了壯大組織，在校園內以老鼠會的方式，吸收國小到高中的學生參加，藉著糾眾四處恐嚇學生，慢慢壯大陣頭的規模。

孩子們加入這個陣頭的過程，儼然電影《艋舺》劇情的翻版。多數人為了得到友誼和歸屬感，聽了同學勸說：「加入我們就不再是一個人。大家會相挺，你不會再受到欺侮。如果有糾紛，堂主、副堂主還會幫我們解決。」

但加入後發現，參加廟會時，多半是穿著黑衣助陣，偶爾換上神將打扮也只是湊人數。反而常常是在宮主命令下，四處討債，或是替「不知到底是誰」的人尋仇，整天就是打架。如果不夠投入，回到宮廟後，還會被自己人當眾教訓，拳打腳踢一頓。

不少人因為不想要整天只是打打殺殺，中途企圖脫離，下場卻是被以往口口聲聲喊著「自己人」的好哥兒們強押走後，集體痛毆，甚至還被恐嚇：「以前修理做錯事情的兄弟，你們都有分。現在你們做錯事，換我們處理你。再不來，見一次打一次！」

少女加入後，遭到性剝削

不只生命遭受威脅，眾多少女還淪為陣頭賺取暴利的工具，賠上自己的身體與健康。

警方曾破獲中部某電音三太子陣頭，專門在校園中拉攏少女，號稱可以在假日時，當廟會的「禮生」打工。少女們入團後，被引誘加入吸毒行列、性侵及控制行動。最無人性的是，這個陣頭私下常以當「運毒外送員」販毒牟利。為了吸引客戶，還混合不同毒品來推出「新品」。而因為要確保藥性符合需求，這些少女被逼著做「人體試驗」，測試藥性。

陣頭主持人並透過網路招攬，舉辦毒品派對，強逼染毒的少女們陪客，甚至進行性交易，儼然成為陣頭的「生財工具」。甚至還有少女被訓練成仙人跳的誘餌，與有錢的金主相約外出後，再由陣頭少年組成「球棒隊」毆打被害人，恐嚇索取鉅額賠償金。

家庭式宮廟組織，無「法」可管?!

必須注意的是，成立神壇不需要登記，家庭宮廟、八家將、陣頭等團體也全無法令限制，想成立就成立，想解散就解散，成為沒有法源依據的三不管地帶。

這些隱藏的「類幫派」，不知蠱惑了多少少年男女的靈魂。**缺乏家庭與學校提供的「感情鍊」，讓孩子為依附宮廟生存、尋求同溫層，不惜成為打手。**

這群邊緣少年，一開始從七彩臉譜中尋找到渴望的尊嚴與樂趣。為了追求認同、尋找歸屬感，更為了在同儕中獲得肯定，而在陣頭中穿梭遊走，卻漸漸迷失了人生的方向。

面對這種沒有正式法規約束，形同游擊隊般的「家庭式宮廟」組織，治安單位頗為頭大。目前僅有「個位數」的縣市警方會主動要求廟會的主辦方，制約參與的宮廟陣頭負責人，不得讓青少年、學生加入行列，還必須提出參與活動的成員名冊，平日並不定時地對有滋事紀錄的宮廟陣頭加強查察。

然而上有政策，下有對策，這些措施都僅止於毫無法律強制力的請託及協調。說白了，只要在廟方的私人土地內安然無事，誰都奈何不了他們。

即使在廟外鬧事，但廟方一句「都是各團體在未告知下，自發地主動前來」，加上不是在私人土地範圍，主辦方沒有理由限制，就把責任撇得一乾二淨。

正派神將團體，建立孩子的自信

不過，我仍然見過不少真正有文化繼承意涵的神將團體，例如台中「九天民俗技藝團」、雲林「笨港如性振玄堂」、基隆「長興呂師父龍獅團」等，主事者接受地方人士或是父母的請託，代為指導行為偏差的青少年。

「上梁」只要正，「下梁」絕對不會歪。主事者透過宗教禮儀來指導行為與心理，傳達正向觀念，更不會將孩子當作商業斂財工具，讓他們有正常交友與發洩體力的場所，建立他們展現自我與獲得掌聲、自信的舞台。

當一個孩子有了滿滿的成就感，他的人生也不再迷茫。

FILE 8

詐騙肆虐，「少年車手」世代的誕生

詐欺集團裡，一具具殘破屍體堆疊的代價

詐騙組織向來是「進得去，出不來」。若沒有遵照組織規則，或是想離開，輕則毆打教訓，重則重殘或是遭凌虐致死，讓人無法、也無膽將組織內的運作狀況外洩，確保集團「永續經營」。

「少年車手」，一種新型的大宗青少年犯罪

「要抓詐欺集團和幫派組織成員一點也不難，只要看到街上開著各型千萬超跑的年輕人，花點時間查下去，通常都會有成果。」這是一位專辦詐欺的刑警和我說的小玩笑話，真真假假，是否有因果關係不得而知。

但是看著警方破獲的詐欺集團，拿著詐騙民眾而來的血汗錢購買炫富的高檔名車，豪宅一戶比一戶高級，甚至在幫派聚會、黑道喪禮上由小弟搞排場的盛大場面，我似乎也不得不信這個邏輯。

二〇一七年在台灣治安史上是相當特殊的一年，一種新型的大宗青少年涉法模式，竟遭到非正式的命名。根據警政署統計，這年涉及詐欺集團遭捕的青少年首度飆破萬人，

高達一萬零兩百三十一名，已超越各種青少年犯罪型態，因此被廣稱為「少年車手世代」的誕生。

少年詐欺犯逐年增加，已成為治安的一大隱憂。司法院統計，全國已進入法院審理的青少年詐騙人數，除了二〇一七年首度超過一萬人，從二〇一九到二〇二三年，每年的涉案人數也皆在九千人以上。

到底是何種誘因，讓這些孩子前仆後繼地加入詐欺集團？

為什麼當車手？

我曾在警局內，與十六歲的車手小凱有短暫接觸。當時我問：「為什麼當車手？你不怕有案底或是被利用？」

小凱回我：「因為家裡需要錢，所以我去超商打工，但是時間長，賺得又少。有一次碰到朋友，他請我去幫他領個錢，才幾分鐘就賺到一個禮拜的薪水，而且他們向我解釋詐欺案都判很輕。看在錢的分上，我當然直接加入啊！」

小凱繼續說：「我們那組大概有二十個成員，年紀都差不多，大家互相拉同學和朋友加入。當時腦子裡只有快快賺錢，誰想到最後反而因為違規，被上面恐嚇要罰錢，結果賠光光。從我出事到現在，上面的人全部聯絡不到。警察說我會賠被害人賠得很慘，還可能被關，超後悔的……」

組織內，少年車手身陷「地獄」

然而看著上了手銬、一臉沮喪的小凱，我卻是喜悅的，只差沒有當場說出：「恭喜你被抓！」在我眼前的他，至少還是個活生生、充滿青春氣息的陽光少年，沒有遭到不人道的施虐。我甚至有股衝動想擁抱他一下，對他說：「見到你活著真好！」

這是因為民眾看到的一面，是詐欺集團用盡各種無良的手法，吸乾被害人一生的積蓄與心血；但我身為記者所見的另一面，卻是這些青少年車手因為黑吃黑、工作不力、不聽命令等種種原因，在山區、工寮或是公寓內，被當成豬仔般，遭到同夥以慘無人道的手段凌虐後，痛苦地嚥下最後一口氣，棄屍在荒野山區……

一具具被打得面目全非、全身烏青、手腳變形的遺體在各個角落被發現，且完整的凌虐過程還被詐欺集團刻意放上網路炫耀。

這個過程除了「地獄」，我找不到最適合的形容詞。

拿走三千元，竟被夥伴凌虐致死

我這輩子永遠無法忘卻一場「酷刑直播」，那是天道盟太陽會成員教訓旗下黑吃黑少年的私刑。遺憾的是，事後看到影片時，少年已在太平間內。

這名少年拿走了僅僅三千元，卻遭同夥凌虐長達兩個小時。昔日的麻吉和大哥全成了殘酷的劊子手，他們用球棒痛毆，少年在畫面中聲嘶力竭地哀號，不斷哀求「別再打了」。

這群人魔竟然還當場開視訊，向少年的母親要求匯十萬元償還。母親看著愛兒淒厲慘叫與全身腫脹的影像，六神無主下，急忙匯款，跪求嫌犯放兒子一馬。但最後，還是眼睜睜地看著孩子從昏迷到斷氣……這對於一位母親來說，無疑是人世間最痛苦的凌遲。

我知道對讀者而言，上述的案例相當殘酷，但無法否認是真實地發生在台灣，而且就在你我身邊。這些被害者也有可能是你我周遭的親朋好友。

惋惜的是，若及早被發現，可能還有機會保有全屍，但仍有不知多少人被棄置在偏僻的山區、海濱，被找到時，已屍骨無全。

二〇二三年六月，高雄山區發現一具遭棄置的年輕男性屍體，全身都是外傷，體無完膚，手腳全遭打斷。

警方破案後發現，死者是年僅十七歲的少年。他是詐欺集團的車手小組長，收取了旗下小車手們從各處提領共五百萬贓款後私吞，被十餘名成員當街從桃園市區擄走。為了逼他將錢吐出，同夥把他押到高雄山區的一座廢棄工廠，凌虐整晚。一夥人甚至不知他已斷氣，清晨要將他移往另一處工廠繼續施以酷刑時，才驚覺他全身冰冷、僵硬。他們便將屍體載到深山，往邊坡一丟後揚長而去，接著上酒店狂歡「慶功」。

一旦露出馬腳，就被組織「犧牲」

詐欺集團最大宗的車手來源就是青少年，尤其是中輟生，通常是一個拉一個，由同儕彼此介紹。

看起來，擔任車手似乎是輕鬆的工作，只要拿著幕後集團提供的大批人頭卡片，依照指示操作提款機，四處提領錢，每領十萬，就有3%至5%的酬勞。

風險較高的則是假扮書記官、警官，與被害人面交金錢。大多數被害者捧著錢出面時，幾乎都六神無主，沒心力去質疑眼前的人是老是少。即使遭識破而被逮，集團採取的方式就是讓此人直接「犧牲」。

這類的詐騙通常金額龐大，一筆超過百萬。集團主謀也不是省油的燈，通常是兩人一組，由青少年出面，另一人在暗中監視，防止黑吃黑。即使如此，遭到侵吞的情況仍經常發生。

為此，集團甚至立下雙保險機制，新車手報到時就直接以「白紙黑字」立約，只要十分鐘領光人頭卡內的錢，可以領額外的獎金；超過十五分鐘則要扣錢，減少被逮的風險，同時避免車手暗中動手腳。另外，集團也要求車手必須有保人，若出事，保人得負連帶責任。

制度化加定型契約，這種邪門歪道的運作竟與正常公司無異。但一旦起了貪念的下場，通常就是成為屍體。

詐騙組織是「進得去，出不來」

進一步分析，青少年涉入最大宗案件的是「高風險型詐騙」，多是透過幫派集團性運作，吸收少年當第一線員工，且分工相當細膩，包含提領現鈔的車手、取人頭帳戶的取簿手、送錢到詐欺水房（帳房）的收水手，以及打電話的機房等。

警方針對落網的少年進行訪談後，分析手法，發現青少年加入詐欺集團，多數是受金錢、同儕影響及引介，絕大部分是家庭因素（包含經濟問題、疏於照顧、成員衝突、隔代教養），迫使容易受到金錢誘惑、或是急需金錢解決生計問題的青少年，轉向外尋求輕鬆又高薪的打工機會。而且他們與集團的「共生關係」緊密，等同接受「豢養」，忠誠地赴第一線執行任務。

但是，這些涉世未深的孩子遊走各角落的提款機，四處提領超過百萬的現鈔放入口袋，盯著來路不明的白花花鈔票，只要有膽，拿了就是你的。不少孩子被眼前的現金沖昏頭，不知自己的性命即將成為集團的祭品。

恐怖的是，詐騙組織向來是「進得去，出不來」。若沒有遵照組織規則，或是想離開，就會遭其他成員「開副本」公審（即將其背景資料、照片等在網路公開示眾），輕則毆打教訓，重則重殘或是遭凌虐致死，讓他們無法、也無膽將組織內的運作狀況外洩，確保集團「永續經營」。

犯下詐欺罪的少年，觸法的原因複雜

如果以青少年珍貴的生命做為代價，才能喚起大眾對於詐欺集團所造成傷害的覺醒，這實在是整個社會無法承受之重。

很可惜的是，目前對於少年詐欺犯罪，司法界多聚焦於「犯罪預防層面」，卻**很少去關心或著墨少年會加入詐欺集團的「背後成因」**。

《少年事件處理法》著重「少年宜教不宜罰」。但為了配合強力打詐，而在二〇二三年五月十六日新修正的《刑法》「加重詐欺罪」，明定：詐騙集團囚禁或擄掠被害人，最高可加重處罰到七年，因而造成死亡或重傷結果者，最高可處無期徒刑，用電腦合成、假藉名人聲音或影像招攬投資，詐騙被害人，最高可處七年以下。從此大幅加重罪刑。

兩者矛盾的做法，產生對少年「到底要輔導，還是要重懲」的衝突。其實檢警都憂慮，黑幫很可能會因為針對少年以輔導為重，躲過重懲的漏洞，更大幅吸收青少年當車手，反而使他們成為犯罪集團更加喜愛的利用對象。

涉及詐欺的少年在經過法院審判後，目前大多數進入少年觀護所或矯正學校。但犯下詐欺罪的少年背後有複雜的觸法原因。警方追蹤發現，經過感化輔導、回歸社會後，他們往往因教育無法銜接、外部機構的觀念和工作處境不一致，產生嚴重挫敗感，在心理狀態無法調適、工作無法銜接和生活無法改善下，只好走回頭路，重操舊業。

另一方面，面對新修正《刑法》加重後的詐欺賠償，往往拖累父母承擔龐大的賠償責任。孩子只賺到一、兩萬，甚至僅數千元，但因為提領的數額龐大，被害人求償時，父母連帶賠償的金額從數十萬到數百萬的案例比比皆是。

我看過賠最慘的案例，是在二〇二二年，台中一名十六歲少年詐騙集團車手，以購買虛擬貨幣「泰達幣」方式誘騙買家交易，共得手五百六十九萬元，但少年只工作三天，拿到了五萬元報酬。遭判刑後，台中地方法院認為少年的父母未盡管教責任，須連帶賠償五百六十九萬元。

如何辨識「致命的魔笛聲」？

淪入詐欺集團，孩子的目的大多是「缺錢，想賺錢」，而成為少年車手犯案的主因，其中又以滿足物欲及享樂為大宗。正因如此，「輕鬆，不用出勞力就能賺高薪」，成為詐騙組織吸收孩子的絕佳宣傳口號及手段。但我們必須體認，這是一步步誘使孩子走向死亡的魔笛聲。

我已經看過太多父母在孩子命喪詐欺集團之手後，痛徹心腑流下的眼淚。面對詐欺集團的手法愈來愈殘暴，沒有人願意看到孩子淪為波臣。我期盼，大家努力在孩子的成長過程中放低身段，透過同理陪伴與關懷，建立讓孩子毫無顧慮，能大方說出自己想法與困擾的暢通管道。

當孩子能體認自己的錯誤行為需付出或承擔的嚴重後果，以及了解相關的法律概念，自然能做出正確的價值判斷，避開淪為詐騙集團「替死鬼」的後果。

FILE 9

打工詐騙的層層圈套

防不勝防之下，孩子的靈魂被吞噬

青少年在「打工」時，引發犯罪的機率更高。江湖手法一變再變，警察只能跟在後面亡羊補牢。而一般人只看到犯罪表面，以為只要有「警覺性」就可以避開陷阱，卻不知道自己才剛踏入已經設好陷阱的周邊。

一名少女的遭遇，讓我自責多年來的無感……

孩子們引頸盼望的暑假期間，我手頭上處理的卻是接踵而來的「十七歲少女性愛毒趴暴斃遭丟包」、「三少女約網友性愛趴」等令人心痛的新聞，心頭悶極了。

這麼多年來歷經暗黑社會的洗禮，各種大小刑案早已無法影響我的情緒，但每每遇到未成年孩子迷失自我、周旋於生死之間，我往往會無法自主地手抖、胸悶。

以前我不會的，我的心頭持續保持著社會記者對生死早已麻痺、置之度外的平靜，直到多年前的那天，親眼見到一名少女的遭遇，讓我開始自責多年來的無感……

原想賺學費，卻落入酒店圈套的女孩

我按下電鈴，一名和我年紀相仿的男子緩緩打開鐵門，幽暗的狹小客廳內，我要找的那名十九歲少女插著鼻胃管，形貌枯槁地躺在醫療床上。「她已經是植物人了。」無助的父親怨嘆。這個場景震懾了我，我的手臂不自主地抖了起來。

少女的父親萬般自責地說：「我現在要照顧她，只能偶爾打零工。當初如果不是我答應她可以去打工，要不是我相信她說只是去Pub當公關，如今也不會變成這樣。我也不知道能照顧她多久，過一天算一天吧……」

讓你預支三、五萬元，是控制的開始

二〇一一年時，我花了不少時間追查一個酒店經紀集團，他們專門誘騙少女去酒店陪酒兼放高利貸，餵毒成癮後，逼迫賣淫，號稱可以先預支三、五萬元，上班一個月後償還就好。能夠先借三、五萬，又可以領了薪水再還錢，對任何人來說都不是困難的事。但最後其實是深陷「拚死命地陪酒、賣身，甚至賠上全家財產都還不完」的一個無底錢坑。

逃回家，竟被黑衣人追上門

病榻上的這個女孩僅借了十萬，卻陪酒陪了半年，也染上毒癮。前後還了超過五十萬，但還要還多少錢，她根本無權決定，只能任人當搖錢樹吸血，最後甚至被強押去做性交易。她無法忍受而逃跑回家，但大批小弟衝去家中押人。女孩害怕被抓回去過暗無天日的生活，從三樓跳下想逃跑，結果摔成重傷，送醫後，從此再也沒有清醒過來。

原以為事情就這樣結束了，隔不久後，還有大批黑衣人衝到她家中噴漆、砸屋，要求還債。直到父親帶著他們看到女兒的慘狀，確認她已經成了植物人，整件事才落幕。

女孩與父親同住，體諒爸爸打零工的收入不多，原想在暑假賺點學費。未料一個單純的想法，卻落入犯罪集團毫無人性的算計中。

網拍賺零用錢，一步步上鉤的國二少女

一般很難想像，台灣竟然還存在著如此毫無法治的情況。**其實在看似平靜的社會底下，**

這種狀況比比皆是，只是我們太幸運。然而實際上，不知有多少孩子陷在陰暗的角落裡被殘害。

江湖手法一變再變，連警方都趕不上歹徒的「創新」，只能跟在後面亡羊補牢。而一般人只看到犯罪表面，以為只要有「警覺性」就可以避開陷阱，卻不知道自己才剛踏入已經設好陷阱的周邊。

假美妝網站徵求「校園小業務」，母親也被騙

住在高雄的小雅在國一下學期的五月初，看到一個美妝網站的面膜拍賣廣告，板主徵求校園網拍高手，協助推銷面膜。小雅自認人緣甚佳且善於推銷，就當起「校園小業務」，初期還賺得不少零用錢，她也興奮地和媽媽分享自己做網路行銷的經驗。

母親一開始抱著懷疑態度，但是後來過了整個暑假都未發現異狀，她還滿驕傲孩子可以用合法方式賣商品賺錢，提早學習社會經驗，因此沒再細加理會。

開學前兩天，小雅對母親說要和同學去逛街，但出門之後，再也不見蹤影，而且手機呈現關機狀態。媽媽急忙聯絡同學，大家卻紛紛表示沒有跟小雅約。

這下媽媽可急了！平時不會說謊的女兒，為何刻意矇騙她而消失無蹤？

罪犯一人飾多角，以「夥伴」關係博取信任

全國各縣市動員了五百多名警察，一路追著少女的手機訊號，三天後，終於在新竹一處偏僻豪宅的天花板夾層密室中，找到頸部戴著狗項圈、雙眼被蒙住的小雅。

原來這其實是一個集體犯罪集團，板主同時扮演著好幾種角色：先是專門在網路上物色乖乖牌少女，遊說她們加入賣面膜或美妝產品的行列。等彼此熟悉、獲取信任之後，又轉換身分，以板主的友人正在徵求「電競打工」，開出時薪兩百元的條件，每週上台北參加電競陪玩，就可至少賺五萬元。

見到如此優渥的條件，哪個人不上鉤？何況又是合作已久的夥伴。

這時，對方利用宅配寄送一支手機及少許現金，要求少女不得告訴家人，只能私下以該支手機聯繫，並要少女在假日時，以和同學出遊為名義，搭高鐵到北部「打一天工」。

小雅就這樣喪失警覺心，到新竹站與對方見面後，一上車就被封住嘴、套上頭套，載往她曾經很信任的老闆的豪宅，被拘禁在狹窄的樓板夾層內，期間不斷遭恐嚇「若不聽

話，就會用電擊棒伺候」。

在小雅被拘禁的六十六個小時中，由於媒體大幅追蹤報導，嫌犯有所顧忌，她幸運地沒遭到侵犯，卻被逼著拍下裸照。

事實上，這個犯罪集團多年前就利用這種模式，誘騙了兩名國中少女進行性侵害。主嫌當時落網，但出獄後卻不改惡習，找來友人在網路上玩起全台獵殺少女遊戲。

標榜「輕鬆、高薪」，引誘孩子上當

過去分析青少年的犯罪原因，家庭與學校功能不彰，往往被視為造成孩子行為偏差的兩大主要因素。但如今少年犯罪率逐年增高，主要是增加社會及家庭觀念改變、3C功能強大、網路社群氾濫等新型態元素的治安新挑戰。

仔細觀察受到打工詐騙或誘惑而身受其害的青少年心態，其實反映著現代的社會特質，即誘惑太多，讓孩子習慣追求立即性的經濟與物質滿足，於是產生了「輕鬆且快速」賺錢的錯誤觀念，見到「輕鬆、高薪」這四個字，許多人便被沖昏頭。

只是幫賭博網站PO廣告，竟犯了「賭博罪」

二〇二一年的暑假，警方科技偵查組進行網路巡邏時，發現多個娛樂手遊平台上，出現招攬網路賭博的貼文，底下留言處，看似有不少搭配的「寫手」在敲邊鼓。一查之下，果然是某個跨國非法網路博弈集團經營的平台，於是一路往上追蹤。

這時警方才發現，博弈集團也專門在網路上尋找青少年充當所謂的「代理人」，大力宣導只要動動手指協助PO廣告，就可以輕鬆抽取利潤，還標榜「無經驗可」、「輕鬆代理」、「被動收入」等口號。

員警循著ＩＰ位址，查出張貼廣告者的身分，發現這些「打工者」竟全數是分散各地的高中生。

當警察一個個找上門，面對的是一張張慌張又訝異的臉龐。他們天真地**以為只是「暑期打工」，而且只有在社群媒體幫忙張貼廣告及招攬玩家的貼文，一天僅僅賺兩、三百元，完全不敢相信這些是非法行為，自己要依「賭博罪」被移送少年法院。**

青少年「打工」，引發犯罪的機率更高

過去「一分耕耘、一分收穫」的觀念，已被視為歷史教條。尤其走向數位時代後，不斷興起「網紅」、「直播主」憑著敢說、敢脫、敢搞怪而日進斗金，扭曲了不少青少年賺錢的價值觀。孩子們不再信服辛勤工作可以換取報酬，對工作缺少耐性與積極度，更普遍不願走向傳統上需要體力、耐力、智力的工作。因為在他們的認知裡，只要靠著網路或其他輕鬆方法，收入都比父母還高呢！

現代孩子的自主性高，想法也較自我中心，在生活中追求自己喜歡或重要的事物。事實上，這些觀念就是社會發展多元化的結果。在多元社會中，有太多選擇與誘惑，這些

吸引力遠超過傳統家庭的生活與工作方式。

以我的長期觀察，青少年在「打工」時，引發犯罪的機率更高。因為這種非正式性工作往往缺乏長期且嚴格的監督機制，不同素質的同儕接觸後「一拍即合」，玩樂機會變多，花費更大，讓人更因急於獲得大筆金錢的誘因，受到非法組織或黑幫吸收。

當台灣的防治青少年犯罪，都還寄望在加強改變家庭與學校機制時，卻未意識到必須衝到前頭，改變社會大環境。事實上，「青少年犯罪」是孩子與社會整體大環境互動間，產生的問題之一。或許，這才是在思考青少年犯罪防治政策時，必須特別重視的成因。

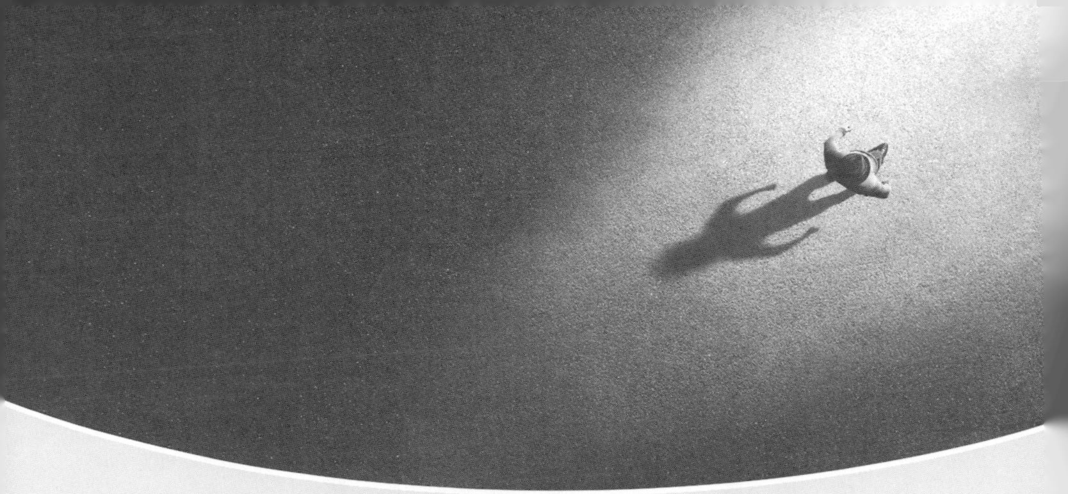

FILE 10

「毒品」之手，已伸入學校

校園裡無聲的恐怖攻擊，連小學生也受害

校園染毒的情況真的非常嚴重，國家衛生研究院調查，十二至十七歲的未成年人中，23%的人首次使用毒品的地點在學校。近幾年，更發生不少國小學童吸毒案例，年紀最小的僅小學三年級。

包尿布的毒癮少年

幾年前的某天深夜，我在警局寫稿，一位刑警小聲地喚我：「小戴，等下我傳了一個毒品人口來做筆錄，你注意一下喔。」

半個多小時後，一對年齡和我差不多的男女進入辦公室。男子拿著紅色大臉盆，身後跟著一個高中年紀的男生，削瘦臉龐上長滿痘痘，兩眼無神。以我的經驗判斷，這孩子肯定有毒癮。

少年由父母陪同前來。父親將臉盆放在椅子上，穿短褲的他一屁股坐進去，開始做筆錄。但那副怪異的姿勢吸引了我的目光，其他人也悄悄投以不可置信的眼神，想看看他到底要變啥把戲。

幾分鐘後，我聞到一股帶有酸臭的尿騷味從少年身後傳來。他面無表情，似乎已習慣旁人異樣的神情，但緊接著他蜷曲身子，整個臉埋入臂彎，一旁的父母顯得絕望又無助。

一個小時內，父母起身超過十次，重複同一個動作：拿塊塑膠布和一條大毛巾鋪在椅墊上，快速將臉盆端去廁所倒掉尿液，再速速塞回兒子的臀部下方。

原來少年因吸毒過量，導致膀胱萎縮，隨時隨地都在排尿。父母已無力負擔紙尿褲花費，只好用臉盆接尿。

毒糖果、毒咖啡、毒茶包……以假亂真

身為記者天天跑警局，見過各種令人心碎的案例，這個「包尿布的毒癮少年」不是特例，甚至有人必須整天坐在馬桶上，無法正常過日子，或者包尿布招致異樣眼光，導致抑鬱而選擇離開人世。

校園染毒的情況真的非常嚴重，**國家衛生研究院調查，十二至十七歲的未成年族群中，23%的人首次使用毒品的地點在學校。**

毒品不但在青少年間遭失控濫用，近幾年更發生不少國小學童吸毒案例，年紀最小的僅小學三年級。

現在的毒販用的是讓人在毫無戒心下「自然上癮」的手法，連成年人都難以察覺，更別說孩子們。**將毒品混入糖果的原料中製成軟糖，免費供應給學生**，毫無防備的孩子上癮之後，自然成為幫派在校園裡的毒品下線。**除了軟糖，還有即溶咖啡包、茶包等**，掩人耳目又讓人不設防。

等到校方、家長震驚「我的孩子為何會碰毒」時，一切為時已晚。

吸毒是唯一「集體性」的犯罪

近年來，幫派分子有計畫地入侵校園，組織販毒老鼠會，吸收青少年成員。

根據警政署統計：二〇二二年，全國共有約三千四百名青少年吸毒遭捕；二〇二一年有四千零五十七位；再往前推至二〇二〇年，則有約四千五百名。少年涉毒人數看似逐年減少，但別忽略了，短短三年就有近一萬兩千名青少年涉毒。

而且吸毒是所有犯罪模式中，唯一「集體性」的犯罪，像肉粽般一拉就是一大串，因此真正涉毒的黑數，至少是被逮捕人數的五倍至十倍。

是什麼原因造成數字被低估？中正大學犯罪防治研究所的一項研究指出，這與「校園的通報方式」有關。學校最大的問題是心態保守，發現學生吸毒，都會先在校內輔導解決，嚴重者才會通報曝光。

以我的親身經歷，確實與學校的「鴕鳥心態」有十足關係。

我曾被十位高中職校長聯合提告

新聞圈流傳著一句話：「如果不常被告，就不配稱為記者。」

身為在黑白兩道間闖蕩超過二十五年的社會記者，為了報導真相而被告的次數不在話下。讓我印象最深刻又氣憤的一次是被十位公、私立高中職校長聯合提告，收到地檢署傳票時，我哭笑不得。

二〇一七年，台北市警局緝毒中心封城掃毒，花了四天，大範圍地搜索台北市的毒品高危險場所，清查一百八十多名涉案者後，發現其中竟有十餘名高中職學生，個個是學校的「小藥頭」、「小大哥」。

辦案員警嘆著氣說：「我們早就掌握了這些小藥頭及吸毒學生，想要進學校逮人，但校方就是愛面子，要自己處理，拒絕警方介入。狀況失控了也不說，滿腦子只怕影響校譽，結果害到小孩。」

我被這番話重重打了一拳，義憤填膺地將這些學校名稱用隱晦的方式報導出來，希望讓大眾更清楚地知道實情，卻接到十位校長以「妨害名譽」的罪名共同提告。

雖然最後不起訴，我卻沒有一絲喜悅，只想詢問這些校長：「到底是校譽重要？還是孩子的一生重要？」

在教室集體吸毒?!

最令我無法置信的是發生在一所高中校園的毒品事件。

某天下午我和同業在警局，突然聽到消防局無線電傳出急促的呼叫：「○○地點發生十多位民眾疑似集體中毒，現場是學校，請各分隊派救護車前往。」

「十餘人集體中毒？這可不是小事！」

大夥一聽便急赴學校，卻不得其門而入，校方、警方與消防隊員口徑一致地說是學生惡作劇，在課堂上拿防狼噴霧亂噴，導致全班集體不適送醫。最後我們都把這則新聞簡單處理。

幾天後，有位刑警私下神祕兮兮地對我們說：「你們記者就那麼好騙，說是惡作劇還當真。他們是在教室集體吸毒啦，學校不敢說。」

我的老天！學生竟然已經囂張到不理會學校，這是何等大事！後來經明查暗訪才了解其中內幕，竟然真的有學生在課堂上公然吸毒。

謊稱是可以提振精神的營養劑

帶頭吸毒的學生不僅賣K他命給已染毒癮的同學，為了衝業績，還對不知情的同學謊稱是營養劑、葡萄糖胺，可以提振精神，為的就是讓他們也染毒。

之前就有老師目睹他公然在課堂上拉K，並從書包搜出K他命。同學們原以為他應該會被退學，卻不見校方有任何作為，他還跟同學說「嘸代誌啦」。

為展現自己「夠大尾」，他曾在全班同學面前將大把K他命撒向空中。另一次在教室內，這個藥頭學生把K他命倒在紙上，拿著吸管自己先吸，再傳下去給同學，等大家都吸了，他突然變臉表示：「只要有吸過的人，我都要抖出來。」威脅同學不得通風報信，否則大家都有事。

眼見身旁的人一個個染毒，拒絕毒品的同學害怕遭到他背後的幫派分子找麻煩，不敢對外聲張。

校方擔心吸毒案曝光，會影響校譽

專責緝毒的警察無奈地說：「學校總是說要保護、教化學生，並擔憂學生留下案底，所以不會在第一時間找警察去抓人。即使非常確定犯罪，也不會貿然舉報，畢竟事件曝光了會影響校譽，更擔心造成學生和家長恐慌。很多老師對學生吸毒也抱著敬而遠之的態度，只希望學生別在校內吸毒就好。」

因此，想要校方主動舉報有學生涉毒，警方「想都不敢想」。

從好奇、講義氣開始，踏上犯罪的不歸路

警方統計青少年吸毒的五大理由是：「朋友找我一起，不好意思拒絕」、「好奇」、「壓力很大，想紓解」、「加入幫派，大家都在拉」，以及「朋友拿這個當禮物」。不少人起初都是半推半就，最後卻沉淪毒海，無法自拔。

觀察了二十餘年的校園染毒問題，我歸納出一個青少年染毒不變的ＳＯＰ流程：從「好奇心」或「講義氣」開始，在同儕引誘下，陷入毒品陷阱。

「試一次不會上癮啦」、「我只是好玩碰一下，下次就不會了」的想法，加上似是而非的

網路資訊洗腦：「毒品只是藥物濫用」、「吸菸、喝酒對身體的危害不輸毒品」，往往讓人忽視了「關鍵的第一次」。許多父母直到孩子被查獲的當下，才知道孩子接觸了毒友圈。

染毒後，首要面臨的就是「錢從哪裡來」。

一旦無力購毒，立刻就給黑幫介入操控的空間，而必須受其擺布：男孩子從當幫手參與鬥毆，接著加入暴力討債，最後到運毒、販毒，掙買毒品的費用；女孩子大多被強制陪酒、從事性交易，不然就是當詐欺集團的車手。

各種犯罪交相結合，而一切都從「吸毒」開始，變成一條讓人愈陷愈深的不歸路。

阿德的故事，是青少年染毒、染黑的縮影

某次警方破獲販毒集團後，逮回一名青少年藥頭阿德。在警局內，他不屑地瞪著對他說教的爸媽，反問他們：「我一個月能賺十萬，你們賺的都沒我多，讀書有什麼用？」

類似阿德這樣的小藥頭，我看過上百個。阿德的故事，就是許多青少年染毒、混幫派的縮影。

十七歲的他，高中兩年已換過三所學校。自稱混竹聯幫的他，在「大哥」照顧下，進入校園當起販毒上線。為了引誘同學上鉤，他擺出一副闊少場面，不時請同學吃吃喝喝、上KTV唱歌。大哥也替他做足面子，偶爾現身吹噓他的豐功偉業，甚至拿出K菸、搖頭丸請大家「嚐鮮」。阿德的兄弟架勢十足，唬得同學一愣一愣。

阿德在校園內招兵買馬吸收小弟，拓展生意版圖，號稱什麼毒品都有辦法調到，「誰想買藥就找他」。為了讓同學們死心塌地跟著，他定出高額的分紅佣金給手下，利用「大家都有錢賺」的心態，逐步攻占校園市場。

幫中大哥見阿德是「可造之材」，又授權幾組職棒賭盤的簽賭程式給他，更進一步擴大版圖。阿德於是毒、賭都賺，當起組頭，還在同學間端出「學生優惠價」，帶動簽賭風潮。

不少同學欠了他鉅額債款，為了還債，只好當他的運毒小弟及討債打手。有同學還不出錢怎麼辦？其他同學就去他家撒冥紙、噴漆。

資優生「試一次就好」，卻無法自拔

我還看過一個極典型的例子：明星高中的高一學生小文，公務員雙親在高期望值下，總是搬出讀國立頂大的兩個姊姊要他看齊。他跟父母沒有其他話題，隔離了自己與家庭的關係，從補習班蹺課，背著父母和同學玩樂。

某次在幾位同學的校外好友鼓吹下，他嘗試吃搖頭丸放空，心想：「試一次就好。」但就從這一次起，同學們的呼喚成了小文的避風港。

然而，天下沒有白吃的午餐，幾次招待後，這些牛鬼蛇神要小文付費買毒。他開始偷父母的錢，或是佯裝要買學習軟體等理由湊錢買毒。

某天，他在家中犯了毒癮，嗑藥後，突然口吐白沫。父母將他送醫，才知道他竟然碰毒！小文也直到這時才發現自己已經上癮。

事後，他慘遭父母一陣毒打與責罵。

過沒幾天，小文幻想父母和姊姊要殺害他，怕得從樓上一躍而下，受了重傷，從此就沒再踏進學校一步。他整個人心神喪失，終日疑神疑鬼，不願再和父母說話。

「我不知道要怎麼脫離現在的生活……」

記得有次在警局，員警帶回一名女毒蟲，我估算大約三、四十歲左右，就當作稀鬆平常，沒進一步追問。卻聽員警喊著：「麥擱騙啊，這張照片根本就不是你啊！身分證字號報出來！」

我好奇地趨前一看，照片上是個笑開懷的可愛女生，眼前卻是身材枯瘦、臉頰布滿痘痘、因吸毒而滿口爛牙的蒼老熟女，我也不相信她就是影中人。員警花一番功夫釐清，最後確認了身分——竟然真的是她！

這個「熟女」實際上才二十一歲。她從國小六年級起，就在學姊的誘惑下吸毒成癮。上國中後，缺錢時由學姊帶著援交購毒，父母忙著上班而被蒙在鼓裡。十七歲那年，生下父不詳的小孩，家人不諒解之下，她帶著孩子離家投靠毒蟲男友，兩人缺錢買毒時，她就去應召站上班賺錢。

她說：「我從來沒有想過未來，也不知道未來怎麼辦。我只有一個小小的心願，等賺了點錢，帶小孩四處去玩。現在的我，醒著時用身體賺錢，然後再吸毒麻醉自己，逃避現實。我完全不知道要怎麼脫離現在的生活……」

為了逃避不安和痛苦的「現實」

曾聽一位輔導涉毒少年的社工說：「這些孩子抱怨的千百萬個理由，主要都集中在家人關係疏離，或是被管到壓力過大，為了課業被迫脫離社交圈而喘不過氣。很多家長為了謀生，在他們的成長過程中疏於陪伴，或是因為要求過高、緊迫盯人式的虛偽陪伴，讓孩子跟父母根本無話可談，完全失去家庭系統的支持。而個性上容易衝動、自制力弱、追求刺激和自尊心低落的孩子，很容易受到同儕用各種方式威脅、利誘，接觸到毒品。」

為了逃避不安和痛苦的現實，孩子只好靠著黑幫勢力當保護傘，尋求安全感與朋友認同的歸屬感。只是，一旦跨越那條警戒線，很容易就掉入毒品的泥淖。

校園毒品是孩子人生中的噩夢，更像一場無聲的恐怖攻擊。

FILE 11

全班30個女同學染毒，淪陷酒店賣身

「毒品」是隨時在孩子身邊的一顆未爆彈

台灣每年新增的染毒孩子破千人。青少年犯罪常是個案，但「毒品犯罪」卻是從單一迅速擴及全體，就像橘子腐爛般快速。大家是否能體認，毒品距離我們的孩子如此之近。

短短半年，同班三十人集體染毒

跑新聞的生涯中有許多「不思議」，這些讓我覺得難以置信、無法理解或是根本無厘頭的案件，最常出現在青少年身上或是校園內。

其中，「毒品」有如隨時存在於孩子身邊的一顆未爆彈。

二〇一〇年，警方接獲線報，得知有一群高職女學生在某酒店上班。「有未成年少女在轄內的酒店陪酒！」這句話觸動警方的敏感神經，於是開始布線調查，未料真的查獲一票少女陪酒，更讓警方驚訝的是，她們竟然還是同班同學。

案件的源起，是一名應召站的馬伕在高中校園利用小藥頭拓展下線，並教他們務必要對同學灌輸「吸食三級毒品K他命無罪」的錯誤觀念。一開始，先邀約招待外出唱歌、聚餐，免費提供K他命、搖頭丸給無知的同學吸食，待他們漸漸成癮後，再引誘他們「進階」吸食第二級毒品安非他命。

其中一名下線誘騙了一個叫晴天的女孩受害，當她染毒後，又鎖定同班同學當目標，短短半年內的連鎖效應，竟讓三十位女同學染上毒癮。

碰了分享的「捲菸」和「咖啡」之後

在染毒之前，晴天是個性開朗、愛交朋友的陽光少女。高二的寒假，學長約她到KTV。酒酣耳熱時，學長拿出幾支細長捲菸及咖啡包調好後，鼓吹大家共享。

雖然她約略知道是自己不該碰的東西，但在學長半誘惑、半勸說下，忍不住吸了幾口菸，瞬間感覺身體變輕，還止不住地狂笑。

接著她喝下提神咖啡，只覺得天旋地轉，身體無法控制地舞動，眼前的世界充滿扭曲與奇幻色彩。

以為「我不會上癮」，其實早已染上毒癮

這場聚會後，晴天成了學長歡唱趴的固定咖，每次都抱著「嚐一口就好，我會小心，不會上癮」的心態。

不到一個月，她開始不時地感到極度疲倦，呵欠連連，坐立難安，身體內有如螞蟻爬過，由內而外出現發癢、刺痛感，白皙的臉龐也冒出幾顆痘痘。她渾然不知自己已染上毒癮，而這些墜入地獄般的折磨與不適就是「戒斷症狀」。

只有學長提供的毒品能緩解這些症狀，於是她急著找學長「唱歌」。儘管學長貼心地允諾她的要求，卻若有似無地語帶刀鋒說：「這也是我花了不少錢買的。下次多少補貼我一些吧，否則你就自己找人買。」

從此以後，晴天開始向學長買毒。但掏盡零用錢，甚至想盡各種理由從父母身上攢錢，仍不夠支付每天買毒所需。

為了賺更多錢買毒、還債，拉同學下海

有一天，學長帶著一位自稱是經紀人的朋友找上門，直接要她去酒店陪酒償債。面對

自己無力償還的買毒債務，晴天只好答應陪酒，但堅持不賣身。

然而才上班第二個星期，客人就要求帶出場。她堅持謹守自己「不賣身」的底線，結果經紀人直接變臉，叫幾個小弟把她帶到小房間內，給了一陣毒打。不得已之下，她只好下海。

不久後，為了賺更多錢買毒及還債，晴天也開始成為販毒集團與酒店經紀人的下線，模仿著過去學長誘她掉入陷阱的模式，也設下陷阱，找同班同學下手……

只有讓自己半夢半醒，才能撐過一天……

某天，和刑警熟識的幾名酒客來到這家酒店內，意外發現同一個包廂的小姐竟然是同班同學，而且來上班的還不只這幾人。

警方獲報得知後，發動一場大規模的掃蕩，晴天進了警局，她上班的酒店另有十四名同學也被逮，甚至還有其他女同學跨縣市陪酒。

警方也發現還有多人因還不出毒債，遭酒店經紀人用鐵鍊綁在小房間內拘禁，逼迫性交易。

在這段期間，若有人想要脫離酒店或拒絕上班，就會有黑衣人出面威脅：「馬上讓你家人知道你在吸毒，還在陪酒！」感到恐懼的女學生只能含淚繼續受到操控。

當少女的身分一一被清查出來，員警和檢察官都無法置信，三十名在學少女竟然在如老鼠會般一個拉一個的網絡下，集體吸毒。她們與晴天有同樣的遭遇，因為擔心父母知情，不敢發出求救訊號，最後愈陷愈深，無力自拔。

這群同班同學陷落速度之快，在台灣教育史上罕見。

一名女學生被捕後，對社工說：「吸毒、坐檯陪酒，都是惡性循環的不歸路。我知道這樣不對、這樣不好，但我真的找不到方法回頭。」

她懷念以前對未來懷有憧憬的時光，但從發現染上毒癮那刻，最後為了購毒而養債，簽下賣身契、進入酒店陪酒，每天的頭腦毫無清醒過。

她說：「我連亂想的時間與心情都沒有，我也不想清醒。只有讓自己半夢半醒，我才能撐過一天……」

「我們都是毒一班」，駭人卻真實

「我們都是毒一班」的這個駭人案例，讓台灣毒品入侵校園的途徑與手法一覽無遺。反毒是一項從家庭到整個社會都要支持、配合且動起來的大工程，只要有一個環節失能，就會成為破口，任憑花再多的努力也將功虧一簣。

怕被同學孤立，只能跟著失速下墜

過去，販毒集團不會特別想賣毒給學生，因為學生沒錢。但是**近年來為了拓展規模、增闢財源，他們開始將毒手伸進校園，看中學生容易受到同儕蠱惑與好奇的心態，逐漸在校園內形成一種令人憂心的新型供需模式。**

曾有竹聯幫成員為了拓展旗下的販毒版圖，有計畫地吸收學生，透過毒品所收的手下有上百人，最後東窗事發，有三十幾人被帶到警局。

為什麼他們會如下水餃般，一個拉一個地掉入染毒深淵，連吃飯錢也拿來買毒？孩子們告訴社工，因為害怕在學校「被孤立」。

其中一個叫阿忠的學生說，眼看身邊的朋友一個個向吸毒的同學靠過去，雖然不斷告訴自己不可以，但他終究忍不住好奇地初嚐一口安非他命，從此卻開啟與毒癮纏鬥的人生。讓他棄守底線的原因是什麼？他說：「第一口吸進去之後，我覺得自己拿到了這個團體的入場券，終於又回到同學之中，不再被他們訕笑和排擠。」

「我只想把因吸毒而失去的人生，慢慢找回來……」

蒼白而枯瘦的小琳因為吸毒，曾與死神擦身而過。她才二十三歲，卻已是資歷十年的「資深毒友」。

國一時，她在學姊的慫恿下接觸毒品，一開始是聚會時嗑搖頭丸。上高中後，認識更多毒友，未成年的她為了解毒癮，只能「以身抵毒」地生活。

十九歲時，她的膀胱已經嚴重萎縮，必須包尿布過日子。原本的哥兒們見她毫無利用價值，遂拋下她不管。絕望之下，她整天關在家中，與外界隔絕，只想就這樣死去。在社福志工的幫助下，她才漸漸地不再求死。

回想過去十年，小琳說：「一開始碰毒品是好玩，最後卻整個搞壞了身體。現在我只想把我原本應該擁有、卻因為吸毒而失去的人生，慢慢找回來。」

但是要如何重新回到社會？她搖搖頭說：「我想沒人會接納我吧！只能走一步算一步。我想要學一技之長、自己開店做生意，一輩子隱藏自己的過去……」

這些孩子，不是「別人的孩子」

青少年犯罪的形成，會受到家庭、學校與同儕間的各種因素摻雜影響，難以預期，而且較常以個案產生，非集體成形。但是在形形色色與青少年有關的犯罪類型中，**「毒品**

犯罪」卻是從單一迅速擴及全體，就像橘子腐爛般快速。

台灣的青少年染毒人數雖然近五年來逐漸降低，但每年新增的染毒孩子破千人。在孩子們才剛開始的人生，如何協助他們繼續走下去，如常人般在社會上立足，或許也是除了預先防堵之外，更需要積極進行的修復。

殘酷的悲劇不斷在你我身邊上演，這些孩子，不是別人的孩子，而是台灣的下一代。大家是否能體認，毒品距離我們的孩子如此之近。

FILE 12

必須正視的「校園霸凌」

霸凌帶來的內心陰影，恐是下一個引爆刑案的導火線

我在編輯台，幾乎每天都會遇上一件家長控訴兒女遭師長或同學集體霸凌的新聞。一場場複製般的新聞事件不斷在重複上演，主事者的心態，就是先把事情藏起來，等爆發出來再說。明白地說，就是對於霸凌事件隱匿、包庇、說謊。

被欺負的積怨，像沉睡的火山……

四個國中男生圍著一個女同學，殺紅眼似的用腳猛踹，一旁還有同學拿雞蛋接連砸在她頭上，而她只能邊哭邊下跪，磕頭道歉……

女孩披著散落長髮，瑟縮地蜷曲在圍牆邊，一旁嘻笑怒罵的男女同學像在打布偶似的，輪流上前對她連賞巴掌，而她只能大聲說「我錯了」……

——這一幕幕讓人痛徹心腑的影片，都是霸凌者拍下當成戰利品炫耀的內容。

我用社會上不為人知的一面讓大家了解一件事：黑道兄弟及前科犯最怕什麼？答案就是「監獄」，因為他們知道監獄內的苦，獄中的小社會更為恐怖，讓他們打死不願再回到那個令人悶到窒息的地方。

在校園霸凌中被當成出氣筒的孩子，內心對動手的人也是一樣恐懼，一輩子都不願意再見到這些臉孔。有的人會選擇性地遺忘，當成祕密隱藏在內心的陰影深處。但這些積怨就像沉睡的火山，炙熱的岩漿在內部翻攪，嘗試著找尋出口爆發。也許是家人，也許是陌生人，有一天恐將成為情緒爆發後的無端受害者。

不少重大刑案犯罪者的背後，隱藏著曾是霸凌加害者或是受害者的影子。在潛意識下，一個細微的觸動，往往會烙下無法抹滅的印記，甚至毀了雙方當事人的一生。

長期遭霸凌之下，她崩潰而反擊

某天，我接到一一九通報，北部某貴族私校一名男學生小宇的頭、臉遭三度灼傷，送醫急救。

趕到警局時，見到一對母女相擁啜泣，女孩穿著私校高中制服。媽媽不斷向員警求情，說她女兒是遭到男同學長期霸凌，最後崩潰而還手。

這位母親表示，女兒原本是個相當愛交朋友、愛跳舞的活潑女孩，但是升上高二，遇上一群男同學後，整個人就變了。

穿著及肢體動作比同齡女孩大方的她，國中時雖然偶爾也會被同學捉弄，卻沒特別在意。但上了高二後，以小宇為首的一群男生常在其他同學面前，刻意圍繞著她的身體話題，問她：「援交一次多少？」「技巧好不好？」她無法面對同學們的異樣眼光，漸漸變得孤獨不語。

事發時是午餐時間，小宇和一名擔任小老師的男生聊得起勁，女孩去問小老師何時交作業，小宇認為她無故插話，大聲嗆：「插什麼話？北港香爐人人插！」並去踹倒她的桌子。忍受了近一學期的言語騷擾，女孩的理智線當場斷裂，拿起熱水瓶去飲水機裝滿滾水，接著走到小宇背後，當頭淋下，小宇痛得在地上打滾，但她並未停手。

事後，小宇的雙親憤怒地告上法院，並動員家長的力量，逼女孩自動停學。而小宇呢？俊俏的臉龐上，未來將會是大片傷疤共度一生。

說到這裡，另一個問題來了：歷經此事，加上必須面對法律纏訟與同學的眼光，使得這個女孩更封閉自己，再也沒踏進校園一步，並長期看身心科。「中輟生」成了她的下一個標籤。

她選擇離開校園，雖然脫離了被孤立的同儕關係與言語霸凌，但在她的內心，選擇離開是不是某種逃避？她是否已陷入一種自我保護、杜絕再受暴的內心防衛機制？這個機制極有可能會跟著她一輩子，她要如何走出創傷？

我曾遭勒索未遂，差點被斬斷手……

這種心理，我是體驗過的。

在民國七〇年代，還沒有「霸凌」這個詞出現，但校內總有幾個放牛班中帶頭的小流氓，或是好班的模範生卻仗著拳頭及備受寵愛，欺凌或排擠同學。我大概因為長相較凶惡，而且整天在田徑場及球場上操練，在校內沒被找過麻煩，但沒想到我竟然也有害怕上學的一天。

那是距校門口不遠處的一家小雜貨店，同學間私底下稱為「黑店」，每天總有幾個高中生下課後，聚在店門口喝酒、抽菸。在這條上下學必經之路，不時看見同校學生經過店門口時，被拉進一旁的角落，不一會兒鐵青著臉或哭泣著離開，有些人的衣服被扯破或身上帶傷。

我大概能想像是怎麼回事，但沒怎麼在乎，直到有一天終於輪到自己被拉過去，這才知道他們的目的是勒索。但這天，我身上根本沒錢，幾位大哥哥就要求我隔天下課後，主動去報到交錢，否則他們對我是見一次打一次。

雖然有點害怕，但想想反正自己跑得快，家裡距離又不遠，諒他們拿我沒轍。隔天，我若無其事地經過「黑店」，結果還是被盯上了。我嚇得丟了書包就跑，然而他們人多勢眾，還是圍住了我，一陣陣頭部的重擊讓我無法抵抗。當我拚死掙脫，終於逃回家時，才驚覺右手掌幾乎快被刀斬斷！從此以後，我怕得每天上下課時都心驚膽顫。

即使過了多年，每每想到那個情景，我還是激動得緊握拳頭，全身發抖。更有幾次看到路邊的小混混，有股衝動想將當年吃的悶虧，一股腦地發洩在他們身上。

加害者的年紀愈來愈小，手段愈來愈狠

弔詭的是，在校園霸凌議題受到極度關注的現代，校園霸凌事件卻變本加厲地發生，而且加害者的年紀愈來愈小，手段愈來愈狠，讓人不寒而慄：為何這些孩子不將生命當作一回事？

台中一名國小高年級男童和同學產生口角，雙方形同水火。在導師介入下，無法正面衝突，於是他為了報復，拉著自己最麻吉的同學上網查資料，學習「讓人不會死、又很痛苦的方法」，從中選擇了「長期下毒」的傷害方式。但因為年紀小，無法買藥，便想到用「有毒植物」這種隨手可得的天然毒物，最後決定用黃金葛。

兩人多次趁對方不在教室時，在他的水壺中加入黃金葛汁液。受害的學生喝下後，出現頭暈、噁心及腹痛等狀況，但以為是吃壞東西。直到某次接近休克，送醫急救後檢查出原因，才揭穿這項長期性傷害計畫。

真相傳出後，引發一片譁然，小學生下毒報復同學的行徑讓人感到不可思議。眼見未成年孩子使出各式各樣凶狠的霸凌手法，讓人不禁感嘆：我們的教育是怎麼了？

從小學被霸凌到高中，最後，他殺了人

對於身心未成熟的個體，很容易改變他的思考與行為，尤其在教育階段培養孩子的人格，往往能決定他以後成為怎麼樣的人。

但是當霸凌行為遭到周邊的人漠視或是眼不見為淨，孩子養成了習以為常或是理所當然的心態和行為，最後的惡果將由社會承擔。

一名就讀完全中學的高中生因為個性較膽小，又略微內向，小學時期就是同學惡意嘲弄的對象，男同學笑他是「俗辣」，女同學笑他是「娘娘腔」，還不時慫恿其他男生將他抓起來對著樹幹「阿魯巴」。從小學一路隱忍到高中，他成為全校同學眼中「懦弱」

的代表人物，彷彿所有人都可以玩弄他一下。

上了高中，他覺得自己的身材已強過絕大多數的同學，似乎已有反擊能力，但礙於個性，仍只能將苦悶往肚裡吞。走在校園，覺得所有的人似乎都在背後罵他，對上眼神就是瞪他，整座校園充斥著各種嘲弄他的言語。他開始警戒、防衛，隨身帶著尖刀，提防有人要傷害他。

有一天下課時，見兩名小學部的學生迎面走來，他腦中突然浮現出「她們又在講我壞話，連小學生都笑我」，一股恨意頓時爆發。他抽出尖刀，朝著其中一人的脖子猛刺，直到她倒地不動。

在警局內，員警、父母及師長再三追問他到底為了什麼動機殺人。沉默了一晚，他才將從小學到高中期間發生在自己身上的慘況，一股腦地傾洩而出。

被「隱匿」的校園霸凌何其多

從兒福聯盟公布的二〇二二年「台灣兒少微歧視現象與校園霸凌調查報告」看出，有

87.6%的受訪兒少曾遇過「被班上同學嘲笑或被排擠」，也有76.6%的兒少認為「校園霸凌問題很嚴重」。

再對照「學生對學生」及「師對生」的校園霸凌通報統計，二〇一八年有五百六十二件，二〇二二年雖然增加至一千九百四十二件通報，但確認率卻從30%降至12%。

華麗數字的背後，隱藏著多少魔鬼細節。

我在報社編輯台，幾乎每天都會遇上一件家長控訴兒女遭師長或同學集體霸凌的新聞。看著校方與縣市政府的回應及處理態度，久而久之，只覺得怎麼永遠都在用那一百零一招，整個過程簡直已成為既定的SOP流程：以學生嚴重自傷、或是家長出面控訴孩子恐懼到無法上學為開端。接著校方會回答：該名學生與同學互動良好，校方已介入並與雙方家長協調、溝通。當新聞鬧大了，縣市教育局或民意代表又會嚴正要求校方徹查到底。而校方呢？最後承認處理不周延並道歉。

一場場複製般的新聞事件不斷在重複上演，明白地說，就是對於霸凌事件隱匿、包庇、說謊，因此確認率才會不斷下降。所有主事者的心態，就是先把事情藏起來，等爆發出來再說；一日真的爆發，搞不好還慶幸只被掀出一件呢。

幫助自己，讓「大聲說不」成為一種習慣

既然不能人助，至少也要「自助」。我常常到各級學校與家長們分享「如何防治霸凌」，在現場常會跟大家做一個親身小測驗。

我想，教導孩子防治霸凌的第一步就是讓他們鼓起勇氣，大聲地向對方說「不要碰我」，明確地對霸凌者表達出自己的感受很差，不喜歡這種行為，同時要讓對方知道「惹我不會有好下場」。但這僅僅是第一步。

我先示範怎麼表達，接著請家長一一上前，由我扮演霸凌者，請他們大聲對我說：**「不准碰我！」**

令我大感意外的是，即使只是模擬，絕大多數家長也都將這四個字當滷蛋般含在嘴中，要麼支吾其詞，要麼是喊出的音量比平常說話還小聲。我只能大聲鼓勵：「你和孩子夠大聲，才會有勇氣不讓自己被欺負。」

當整個社會都在想辦法防治校園霸凌，但最後毫無成效時，我們至少能做到讓自己和孩子堅強起來，別輕易向他人屈服。

但鼓起勇氣僅僅是第一步。接著，**要讓「大聲說不」成為一種習慣。第一次不敢喊，就喊第二次……**

一次比一次大聲，抵抗霸凌的勇氣將油然而生。

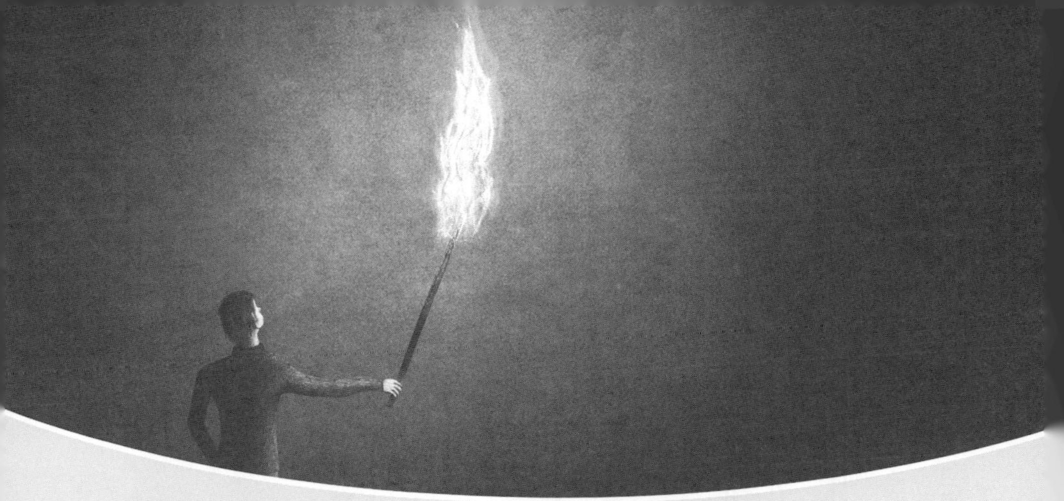

FILE 13

校園霸凌中，「老師」的關鍵角色

是合理管教？還是刻意霸凌？

教師的撤守、不作為，會更助長霸凌的氛圍，所以請老師們要勇敢、堅定地，讓孩子知道：「無論如何，我都會陪著你。」衷心期盼孩子在校園內遇到的，是一個可以救回學生的老師。

「師長霸凌」傷孩子更重

誰說在校園中，只有孩子之間才會產生霸凌行為？

學生霸凌往往是社會矚目的焦點，但師長對孩子霸凌的狀況也層出不窮，卻長年遭到漠視。其實師長直接或間接的霸凌，造成孩子身心的打擊與傷害還更嚴重，因為當校園裡的最後一根救命稻草都沒了，就只能眼睜睜地看著年輕的生命消逝。

就在我埋首振筆疾書這篇稿子的當下，眼前的電視螢幕上，人本教育基金會正在舉辦一場記者會——為了中部一名高中生疑似不堪遭師長聯手霸凌而輕生的事件。

這個學生長期遭到學務主任、教官及校安人員等六位師長辱罵是敗類、垃圾，汙衊他偷竊、抽菸，並密集地對他搜身，連記十四次警告、四支小過，企圖逼迫他休學。在抗議無效、求助無門下，他在學校裡，當著同學的面撒下奠儀的白包，接著回家結束了自己的生命。

一個多月後，他的父親聲淚俱下地對外控訴兒子是冤枉的，他是因不堪受辱才選擇輕生。看到這則報導，我有很深的感觸，回想起記者生涯接觸的案件中，那些遭師長帶頭霸凌的孩子們。

小情侶自殺，導火線竟是導師

一天下午，我走進殯儀館，一張稚氣少女的照片擺在靈堂正中央，周圍放著許多可愛的娃娃、動漫產品和氣球。在哀樂聲中，少女的父母掩面哭得全身顫抖，送十三歲的女兒走上人生最後一程。

相同的場景也同時在隔壁廳的追思會上出現，照片中是個俊秀的十三歲少年。這兩條年輕的生命，在生前是一對同班的小情侶。

他們的消逝正是校園霸凌造成的難以承受之痛——兩人在夜晚相擁墜樓，而起因竟是導師默許下的一連串漠視與戲謔。

案發前一個月，導師發現兩人在校園外摟抱。為了端正風紀，叫他們寫悔過書，還要求兩人立刻分手，因為班上不准有情侶，並讓班上的同學們組成監察隊，負責回報兩人的言行舉止。而這些經過，導師並未如實告知雙方家長。

同學們舉著導師命令的大旗，「狗男女」等一連串嘲笑、霸凌的言語從這一班開始，蔓延至全校。漸漸地，大家變本加厲，甚至動起手腳，男孩遭毆打、辱罵，女孩被絆腳、甩巴掌或是扯頭髮凌辱。

兩人曾問導師和同學：「我們有得罪大家嗎？成績有比你們差嗎？還是做了違法、丟臉的事？」然而，不但沒有得到答案，被欺負的情況反而愈演愈烈。

當校園鬧得紛紛擾擾時，雙方家長卻始終被蒙在鼓裡。

兩人死後，女孩的母親不解：兩個孩子在課業上懂得互相激勵，到底是何種力量壓迫著他們突然厭世？她展開一連串行動尋找真相，結果卻讓她震驚，原來導火線竟然源自於孩子的班導師。

「都是為了學生好」？

羅列每年新聞爆發遭到師長言語霸凌而有自殺傾向的學生事件，在台灣，每年有多位僅十多歲的孩子，在老師運用尖酸言詞或是精神折磨的壓力下，幾乎要被逼向生命盡頭。老師霸凌學生之所以令人恐懼與難以界定，往往是因為舉著「都是為學生好」的教導大旗，而遭校方刻意忽略，或是當作說服社會及家長的「正當理由」。至於到底是合理管教？還是刻意霸凌？往往是各說各話，難以區分。

教師的威權，源自於尊師、服從的傳統觀念。遇到老師的行為或言語不當時，若有學生為了真相和正義挺身而出，多半先被扣上「問題學生」的帽子。

此外，封閉、保守的教育體系更造成教師間的鄉愿，讓汰除制度難以落實。

老師扮演著重要關鍵

霸凌造成的憾事發生後，各種檢討與探究總會熱議：「到底是誰逼死了孩子？」當這些孩子面臨內外交迫的壓力，對周邊發出求救訊號時，霸凌事件參與者往往變本加厲；不相干的同學恐懼自己成為下一個目標，也選擇了漠視。在當事人猛喊救命，求生的浮木卻一一流走時，看到了卻沒伸出援手的同學，和實際參與霸凌有何不同？

孩子未必是正義之士，但也未必就是加害者。見到霸凌行為，周邊的同學未必有勇氣出面勸阻，當然也可能會選擇少管閒事，冷眼旁觀。

遇到這種狀況，我們還可以說服自己：「他們畢竟還是孩子。」但老師絕對沒有閃避的空間，而且扮演重要的關鍵。

「有人被同學欺負了，一定要說出來。」這是老師平時會叮嚀學生的話。但是察覺到班上的氣氛不對、瀰漫著冷漠與恐懼，老師身處現場卻「無感」，甚至運用上對下的權威性與服從性，透過班上幾個領頭羊孩子「管理」班級，任意妄為，這就是最常見的師長霸凌手法之一。

更令人擔憂的是，青春期的孩子們原本思慮就不夠成熟，容易受到同儕影響而一窩蜂地起鬨。然而這些年的許多校園霸凌案例中，老師竟然也是霸凌成員的最主要「幫凶」，這才是讓人憂心的趨勢。當第一線的老師都無法在第一時間發現或協助，等同間接宣判了孩子的死刑。

老師無視霸凌，正是另類的霸凌

阿志是中部一所明星國中的三年級學生，他用一輩子癱瘓殘疾的人生，抗議自己面對校園霸凌時，老師在處理過程中的不當對待。

安靜、內向的阿志在學校是不太起眼的「班宅」。他矮胖的身材遭同學惡意起了外號，每天對他大聲嚷著：「愛滋病，噁心同性戀。」對他的這種辱罵也漸漸擴散至其他班級。

原本看事情正向的他，變得痛苦到不想上學。他多次對班導說：「老師，拜託你阻止同學對我的無理霸凌。我真的很痛苦，我不想上學。」

連續的求救訊號卻屢遭無視，只得到老師一次又一次的冷回應：「我再觀察。」兩個月過去，霸凌情況變本加厲，阿志的理智已瀕臨爆炸邊緣，決定告訴媽媽。媽媽認為事態嚴重，但仍選擇先相信導師的判斷，於是在找上校方興師問罪前，想聯絡班導詢問狀況，但嘗試各種方式，導師卻始終不接也不回。

阿志詢問班導有沒有接到他母親的電話，老師卻表示沒有接到。他再次向老師說明自己長期遭同學欺凌的慘況，但班導聽完，只回應：「這種事就算你媽媽來學校，老師也沒辦法處理。」

阿志最後崩潰了，心想：「為什麼沒有一個人要站在我這邊?!」

他選擇在下課時間，當著全校同學面前，用自己的生命抗議所受到的漠視，從四樓一躍而下。儘管奇蹟似的撿回一條命，但躺在醫院的他，承受著心靈與肉體的極大痛楚。

事發當天，班導師連醫院都沒去。隔天寫了一張「祝福卡」託人送到醫院，上面寫著：「遺憾你用了最笨的方式表達不滿，也心疼你的無助，千言萬語化作祝福，祝願早日恢復健康。」

阿志的媽媽看了卡片，才真正感受到兒子心裡的痛。那句「遺憾你用了最笨的方式表達不滿」，等於又在兒子心上用刀刻劃。她對媒體搥胸哭喊著：「這怎麼會是孩子『笨』？」

學生的心聲，班導聽到了嗎？孩子的求助又算什麼？這不僅是遭到最信任的老師背叛，更是另類的霸凌。

關於校園霸凌的驚人統計

全國自殺防治中心針對霸凌議題調查發現，年滿十五歲以上的民眾約有15.3%表示自己曾經「持續」被霸凌，而曾被霸凌的人中，有54.3%發生在十歲至十四歲，地點以學校最多，霸凌型態以言語霸凌最常見。

更驚人的數字是，在曾被霸凌者中，有50.8%因遭霸凌而有明顯的身體或心理傷害。調查也顯示，在這些人之中，25.2%有情緒困擾，45.3%的人曾認真考慮過自殺。

救救傷痕累累的學生們

不管成績高低或表現好壞，在學校，學生都想受到老師關愛；相對地，老師的不理不睬令他們深深受傷。當孩子發出求救信號時，他們的心其實已被剮得傷痕累累。若老師忽視或錯過這個重要訊息，下一秒面對的很可能是一具冰冷的遺體。

對於一個近乎絕望的孩子，也許只要一句簡單的「來，我聽你說」，或是「我支持你」，甚至只要一個深情的擁抱，對他們來說都是很大的療癒力量，有助於他掙脫困境。可惜的是，不是每個孩子都能得到這樣的溫情。

處理學生問題絕不是易事。老師們需要看重自身對學生的影響，不放棄任何一個孩子。當學生覺得被重視、關心，相信可以有效地減少同學間的霸凌衝突事件，也將隨之加深老師的教學使命感與成就感。

教師的撤守、不作為，會更助長霸凌的氛圍，所以**請老師們要勇敢、堅定地，讓孩子知道：「無論如何，我都會陪著你。」**

衷心期盼孩子在校園內遇到的，是一個可以救回學生的老師。

FILE 14

當校園的美麗風景潛藏著「大野狼」

「校園性侵」，讓學校成了孩子們的煉獄

讓人寒心的是，從我跑新聞以來，沒有一件「校園師對生性侵案」是由校方主動發掘或通報，全都是透過被害人成年後、或家屬對外揭發才成案。這就是一種傷害孩子的「另類共犯結構」。

校園性侵受害人的真實告白

「你能想像嗎？當你以為你辛辛苦苦把孩子送去某名師班級時，那其實是煉獄。你能想像嗎？當你以為你的孩子在學校安穩休息時，其實她正在遭受不法侵害。你能想像嗎？當你誠摯地跟老師道謝時，你的孩子其實躲在你背後發抖……」

這是一段校園性侵受害人的真實告白。

這位女性在小時候曾經長期遭受老師侵犯，但隱忍不敢言。當她長大成為母親後，挺身揭發狼師當年的惡行。她將自己身為被害者與為人母的擔憂，化為簡短卻真實的文字，道出內心的恐懼。

披羊皮的狼師，犯案二十多年

那原本是她藏在心底不願再回想的畫面，卻在畢業二十餘年後，某天看到一則國小狼師性侵女學童的新聞報導，深埋的痛苦突然湧現。她暈眩、嚴重失眠，無法想像二十年來，有多少女生承受著一樣的遭遇。想到自己的女兒也讀國小，害怕孩子也遭狼吻……極度不安之下，她決定站出來，揭發一切。

她打電話詢問人本教育基金會：「電視上那個人，是不是××老師？」沒想到陰錯陽差地揭發了另一個狼師的真面目。

她所看到的新聞主角張姓教師曾被喻為「教育界的美麗風景」、獲得「二十年資深優良教師獎」，私底下卻是性侵、拍攝學生私密照片的慣犯。早在二十多年前就開始犯案，猥褻學生，並拍下她們的私密照片。最後共有三十一名不同時期的女學生出面指證。

然而，人本基金會的員工聽完她的描述，對照犯案手法後，產生一個懷疑：「她說的可能是另一個人！」最後，揪出了當年傷害她的原來是另一名教師。

在她的號召下，超過十位當年也受害的女性克服心魔，鼓起勇氣控訴，卻發現已經超過二十年的法律追訴期。

即使事件鬧得沸沸揚揚，這名教師的惡行也遭性平會認定成立，但早已退休的他領了大筆退休金逍遙過活，留下身心嚴重受創的這些被害者，帶著難以除去的噩夢生活下去……

校方視而不見，無異於間接助「狼」為害

在新聞台上，各縣市每個月總會出現違反《兒童及少年福利與權益保障法》的司法判決案例。令人發毛的是，向來被認為最安全的校園，竟然長期以來成了「大野狼的狩獵場」。

我們常用「披著羊皮的狼」來痛罵人面獸心的嫌犯，但校園性犯罪危險的是，對學生下手的狼有很多是模範老師。

另一點讓人寒心的是，**從我跑新聞近二十七年來，沒有一件「校園師對生性侵案」是由校方主動發掘或通報**，全都是透過被害人成年後、或家屬對外揭發才成案。這就是一種傷害孩子的「另類共犯結構」。

例如張姓教師，多年來在他任教的多所國小，包括校長、同事及職員，超過二十多人都知道他的惡行，但直到教育局承受不住輿論及司法單位的壓力而強勢調查前，每個人都選擇裝傻，甚至協助校方吃案，反而助長狼師的氣焰，讓他肆無忌憚地持續下手。

當狼師的惡行浮現，眾人卻消極以對，或因有顧忌而不敢出面制止，加害者只會食髓知味，利用師生之間懸殊的權力不對等為脅迫，或是傳統聽話教育的束縛，使受害者一個一個成為囊中物。

別讓孩子以生命為慘痛代價

二〇一七年四月，年輕女作家林奕含以自己在高二時遭補習班老師性侵，導致長期創傷後壓力症候群困擾的痛苦經驗，寫下《房思琪的初戀樂園》一書後，因走不出憂鬱症，選擇自殺。遭到影射而被起底的補教名師在罪證不足下，獲不起訴。

當年在社會輿論壓力下，立法院通過《補習及進修教育法》修正案，規定補習班應揭露負責人及教職員工的真實姓名，外籍教師必須提出良民證，補習班人員若獲知有性侵害、性騷擾等情形，有通報責任。

但迄今超過六年了，無論補習班或校園，仍存在著一個一個遭遇悲慘的「房思琪們」。中部一名國三少女，從國一起就遭受一位男老師性侵，導致罹患躁鬱症及創傷後壓力症候群，期間並曾多次尋短，但老師仍持續伸出狼爪。國中畢業一個多月後，她選擇結束自己的生命。

難道非要賠上孩子們的性命，才能喚起社會的正視嗎？這實在是讓人最不樂見的慘痛代價。

型男「狼」師操控學生

另一方面較不為人知的是，有受害學生產生了類似「斯德哥爾摩症候群」效應，這是犯罪學上非常特殊的心理現象，尤其在所謂「權勢型」的性侵案中相當常見。簡言之，就是被害者在與加害者長久相處下，會產生異常的情感，開始合理化對方的行為，並反過來同情加害者；如果有人勸阻，更會不自覺地對他們產生敵意，而協助加害者的行為。台灣的重大刑案中，最著名的「斯德哥爾摩症候群」案例，就是一九九七年綁架、撕票白曉燕的主嫌陳進興所性侵的游姓女子。二十歲的游姓女子被他性侵後，軟禁一個多月，最後卻幫助他與同夥藏匿，還當起租屋、購車的幫手。

類似情況也發生在女學生小玲身上。

國一時，小玲被一位帥氣的型男老師教到。老師幽默、風趣，有眾多學生粉絲，甚至有女學生在網路上爭論誰才是「正宮」，但他始終對小玲最親密。在半哄半騙下，她與老師發生關係。

後來，老師要求小玲在學校的女廁偷拍女同學的如廁畫面。雖然知道不對勁，且明知老師在學校的女朋友不只自己一人，但因害怕老師棄她而去，她不敢忤逆，長達兩年的時間，替他拍下大量女同學的私密影片。

國中畢業後，小玲交了男友，向他吐露一切，整件事才被揭發。讓人無法置信的是，這個老師早在到這所國中任教的三年前，就有多次在街頭猥褻少女的紀錄，校方卻未察知而讓他任教。

台版的《熔爐法》，何日能成真？

鄰近的韓國，校園高度威權的做法至今仍是亞洲之冠，校園發生教師性侵學生的案件層出不窮。但一個事件讓韓國社會對於校園性侵議題之重大，掀起了翻轉式的反思。

光州的一所聽障學校，校長與六名教職員工自二〇〇〇年起，長期性侵九名學童。此案曝光並經法院審理後，結果卻令人瞠目：犯案的教師，有的逃過司法追訴時效，逍遙法外；有的與被害者家屬和解，獲得緩刑。最讓韓國民眾憤怒的是，部分老師甚至繼續回到校園任職。

這個案件最後被寫成小說，並於二〇一一年拍成電影《熔爐》，上映後引起巨大迴響。民情激憤與輿論下，韓國大法院（即最高法院）隔年便通過《性暴力犯罪處罰特別法》，對於性侵女身障者、不滿十三歲的幼童，最重可處無期徒刑，並廢除公訴期。加害者若任職於社會福利機構或特殊教育單位，可加重處罰。

新法即被稱為《熔爐法》。檢警也立刻重啟調查，並將此案改判，讓所有犯案的教師都獲得司法制裁。

反觀台灣常說要師法韓國，但至今，台版的《熔爐法》仍沒有起頭的跡象，多年來，立法與司法體制無動於衷。

依據現行的《兒童及少年性剝削防制條例》，對於未滿十四歲兒童性侵，最重僅可判七年以上有期徒刑；被害者已滿十四歲，只可判三到十年。追訴期僅二十年。

而《公務員懲戒法》更僅僅從「違法行為結束日」當日起算十年，就不需遭受懲戒。這豈不是光明正大地告訴公務人員，只要躲過十年就沒事，甚至仍可領優渥的退休金。

就是在這種司法及公務體制設計下，二十多年前對多名學生犯下性侵案的台南兩名狼師：張姓教師僅因一案成立，被判四年半；另一名教師則拿著大筆退休金，過著閒雲野鶴的養老生活。

建立「超然、獨立」的校園性平調查機制

令人痛心的現況是，大人犯的錯，竟然讓受害的孩子們一輩子承受、忍耐。即使他們最後挺身而出，但是面對體制的漠視與阻撓，加上外界無法給予司法後援，只讓受害者再一次覺得「遭背叛」或「被孤立」。

當他們從小便已經看到人性最醜陋的一面，一路上又對大人失去信任，最終就是被逼得回歸原點，「選擇沉默」。一旦走入這個死胡同，將更難以讓狼師現形。

我們平常都在教導孩子們要有愛、良善、尊師重道，但當這些最後都成為他們眼中「噁心的大人」的滿嘴謊言時，黑暗的種子已然種下，這是整個社會共同犯下的、讓人無法原諒的錯誤。

校園的封閉性是為了適度地隔絕外界，避免受到社會的影響，也就是要塑造一個讓學生們享有寧靜、安全的學習環境。但顯然這點已長期失能。

政府仍未覺醒，校園性侵案件，不單只是法院針對犯罪構成要件判決，追究刑罰就算

結束。「獨立、超然」的校園性平調查，才可以揪出校園安全問題的漏洞，進而加以防治。

從預警、揪出隱匿，一路到懲戒、追訴，才是一套完整保護校園安全的台灣版《熔爐法》。

FILE 15

家內性侵，最殘酷的痛

「親人性暴力」之下，遭抽離靈魂而暗自哭泣的孩子

六成五的兒少性侵被害人是遭到「家內性侵」。當至親成為惡狼，可想而知會極度重創內心。那到底還有誰值得信賴？可以對誰求助？

六成五的兒少性侵被害人，是遭到「家內性侵」

一名婦幼隊女警提到一位從小遭父親及哥哥長期囚禁、性侵的女性個案時，形容這個早已脫離家庭陰影、自力更生的女子，若突然見到身形、年紀和父親相仿的男人，仍會不自覺地抱著頭大吼：「啊～～～我聞到爸爸的味道！」

女警長嘆一口氣，說：「雖然她脫離原生家庭已久，早已在輔導下，自力更生地過著正常生活，但她的身體仍無法洗刷被性侵的記憶……」

腦中浮現女孩驚恐尖叫的畫面，我不禁想像，這個女孩只有身體活著，但內心已死。

衛福部統計，二〇二二年，全台正式成案的性侵害受害者總計有八千四百零一人，其中，未滿十八歲受性侵害者有四千八百零九人，占比將近六成，顯示兒少在性侵害案件當中的受害程度有多嚴重。

再進一步分析，這些兒少被害人中，有六成五是遭到「家內熟人性侵」（即直系血（姻）親、四親等內之旁系親屬、其他家屬如（外）祖父母、父母同居人或同居人之子女）。

家內性侵常見的形式有兩種。第一種的加害人是成年的家庭成員，較常發生在成年男性親友和未成年女性間；近年來性別意識抬頭，男性遭侵害揭露的案件也大幅增加。第二種則是兄弟姊妹間的性侵。

家內性侵，最容易隱藏「黑數」

家內性侵屬於特殊的犯罪類型，過程中牽絆著複雜的家庭因素，並非單一原因造成，因而這也是最容易隱藏「黑數」的一類案件。

被害人往往會遭威脅「若曝光就成了『家醜』」，導致受害孩子像是默劇演員，一輩子沉默地戴著面具示人，將辛酸及傷痛吞到肚內。

性侵案的黑數實在難有正確的統計。根據現代婦女基金會在二〇二二年的調查，性暴力案中，有九成被害人不敢報案，其中又有四成從未求助或是對他人啟口。主要是因為擔心證據不夠充足、感到羞恥、害怕原有的生活秩序被破壞，只能獨自承受創傷。令人擔心的是，這些「黑數」在黑暗中哭泣，難以找到生命中那一絲希望的曙光。

而最恐怖的是，這也顯示大多數加害者未遭到法律追訴，而這些人就遊走在我們的生活周遭，著實令人憂心。

舉報親人，何等艱難

想想看，孩子在根本還不懂「究竟發生了什麼事」時就已受害。而在被侵犯的過程中，更摻雜了大量加害者的惡意恐嚇與謊言，每每讓受害人自責：「是不是我做了什麼讓大人不高興的事，他們才這樣對我？」

警方統計，最讓被害孩子無法抵抗而最終屈服的手段，就是加害者「不斷的情緒勒索」、「恐嚇要傷害最親密的人」、「要牽連周遭親友報復」等。

尤其痛苦的是，加害者往往是自己熟悉、信任的人，要孩子們舉報，彷彿是對親情的一種背叛。若沒有經過充分的溝通與信任，創造出友善的環境，在司法過程中，恐將造成幼小心靈的二度傷害。

「我是為了解救媽媽……」

一名少女在升國一的暑假，遭到父親侵犯。那天，趁著母親和弟弟不在家，父親闖進她房間，問她：「要不要試試看好玩的事情？」隨即性侵她，事後還威脅：「如果你讓媽媽知道這件事，她一定會想不開去自殺。」

由於擔憂母親承受不住真相，這個女孩只能自我催眠「我是為了解救媽媽」，不敢求救。

事件曝光後，已上高二的她木然地對社工說：「我早就已經沒有任何感受了。」

這無疑是利用孩子對於家庭和親情有高度的情感與責任，藉此營造壓力，讓少女長年堅守祕密，不對外求助，同時也表達對父母的忠誠度。

大部分孩子剛開始會被誤導「只有那麼一次」，最後陷入長期遭侵犯的循環。一旦事情被揭露，反而會有罪惡感。

「我怕失去這個家……」

一名大一新鮮人在某次輔導過程中，公開自己隱藏了長達六年的祕密。她在十三歲時遭父親性侵；之後只要她反抗，父親就運用各種方式不讓她睡覺，對她進行精神折磨。儘管痛苦得想死，但她一想到如果出面舉發，家中就沒有經濟來源，媽媽和弟弟、妹妹要怎麼辦？

在法庭上回憶起那段歲月時，女孩說：「這是很痛苦的事情。我無法告訴別人、覺得很羞恥，因為擔心曝光會造成家庭破裂。我怕失去這個家……」

經濟及情感的依賴是受害孩子的主要枷鎖。他們害怕萬一揭發事實，會影響家庭生活的安定，失去穩定的經濟支援。

「我怕會被媽媽看不起……」

北市警局曾抓到一名年僅十二歲就進行援交的國一少女，由於年紀太小，引起媒體注意。

她被安置到觀護所後，寫下過去的血淚日記，揭發自己和姊姊從國小開始就受到父親性侵害，還遭警告：「如果告訴媽媽，你就成了違法的小三！」

讓人心疼的是，她說：「我怕會被媽媽看不起，所以不敢告訴別人。因為連爸爸也無法信任，我只能將這段記憶和自己的想法寫在日記裡。」

到底還有誰值得信賴？

更常見到的是被害人認為被性侵是「羞愧的」，不自覺地給自己貼上「不潔」的負面標籤，認為自己不好、不乾淨，為此自責，不敢將傷痛說出口，甚至選擇自我放棄。

面對親人、尤其是至親的傷害，當平時照顧自己、幫助自己最多的人成為惡狼，可想而知會極度重創內心。那到底還有誰值得信賴？可以對誰求助？在長期侵害下，不堪的經歷早已超過孩子的身心所能擔負的程度。

結果是受害者陷入驚嚇的恐懼，無法判斷或思考誰能幫助自己回到正常狀態，失去了尋求協助的能力。尤其是年幼的孩子，要他們重新回想不堪的回憶，無疑是又在心口上割一刀。這些心靈抗拒重新回想的孩子們，逐漸變得無聲。

父母同居人的侵害

家內性侵的加害者除了父親或手足，雙親若離異，母親的同居人成為加害者的案例不勝枚舉。很多小小受害者都是為了希望幫助母親的生活好過，而忍痛遭受同居人侵害。

二〇二三年的暑假期間，看著一篇判決書，我忍不住泛淚。一名國二女生在九歲時，父母離異，其後她與母親及男友同住。那段期間，她多次遭到母親的男友性侵，但是一直忍到上了國中才向社工道出。而她當初隱忍的原因，是怕母親知道後，會和「叔叔」吵架。為了保護媽媽不被叔叔傷害，所以女孩選擇不說。

面對家內性侵，沒有一個人是局外人

這些讓人心痛的案例，顯示了「孩子無法反抗，也無力反抗」的無奈事實。

目前政府對於家內性侵看似有完整的防治體系，實則未充分整合。尤其在「先期的受理」、「後續的偵查與定罪」這兩個領域，仍處於「切開」的狀態。

受害人出面後，各縣市的性侵害防治中心會派社工師負責協調報案、驗傷、聯繫律師、心理輔導、精神科醫師諮詢，並有專責醫院，及協助復原與安置的社福處所。

但是，問題往往出現在後端進入司法程序之後。尤其是家內性侵被害人大多為兒少，警察、檢察官與法官為釐清案情細節而對被害人問訊時，畢竟不如社工或醫師受過專業的訓練，不但難讓被害人敞開心胸對話，反而可能造成對立。

過去有許多案例即是到此一環節，由於司法人員態度較強硬、提出質疑、問訊言語直接等，些微輕忽便可能觸發被害人內心的防衛機制，導致其出於抗拒而再次退縮，功虧一簣。

長期觀察下來，政府亟需確實地進行專業的跨領域整合，召集具有各項專業、且對性侵與心理創傷敏感度高的人力，訓練出成員們彼此間或是面對創傷者時，從前端到末端有共同的語言。透過這種跨界合作模式，為被害人展開司法追訴與療癒之路做好準備。

面對家內性侵，沒有一個人是局外人。

孩子的痛說不出口，就讓我們來當他們的「傳聲筒」，揭開圍繞在他們身邊的偽善親人，幫助他們解除自我囚禁的意識，重新見到生命中的陽光。

每當見到家內性侵的被害人，遠遠望著他們，我只想對飽受摧殘的他們說：**「別再背著家庭和權勢的枷鎖，讓自己一輩子活在恐懼和痛苦當中。這真的不是你的錯。」**

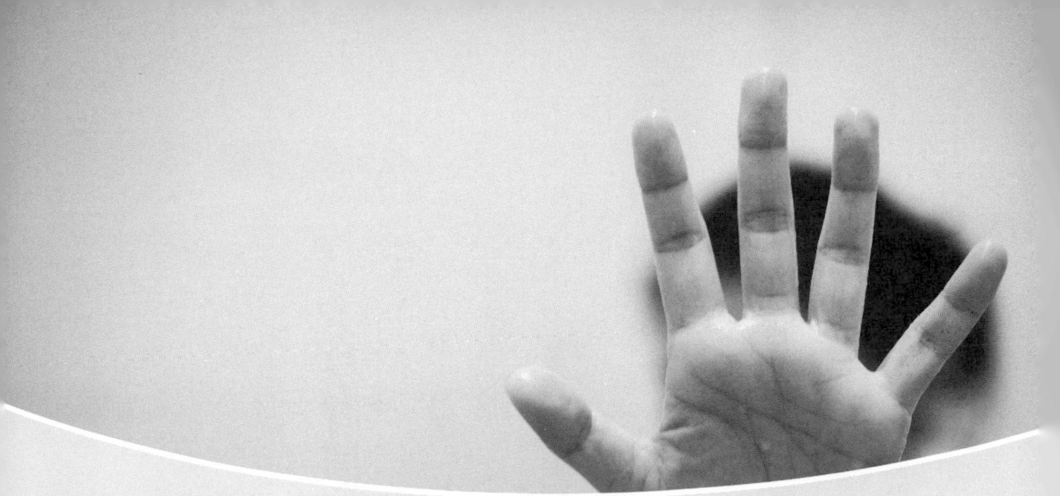

FILE 16

當孩子接連無聲地墜落，大人接住他們的手在哪？

幾乎每四天就有一個孩子選擇結束自己的生命

衛福部二〇二二年統計，青少年族群自殺死亡率連續二十年攀升，這一年，光是十歲到二十四歲，有兩百八十三人自殺身亡，其中十八歲以下有八十人。幾乎每四天就有一個孩子選擇結束自己的生命。

上學時間的墜樓事件

很多傷痛，孩子自己說不出口。如果他們內心積鬱的死結沒有即時被解鎖，很有可能，我們又將面對一個幼小生命的消逝。

當孩子一個個無聲地墜落，我們協助了什麼？

某天早晨，我才剛送當時小學三年級的女兒進校門，一上車就接到通知簡訊：「〇〇區〇〇路〇〇號墜樓事件，當事人疑為少年，現場明顯死亡，無需救護車輛。」

看看時鐘，還不到七點二十分，當下心裡已經有譜，十之八九是學生。但這時正是學生們出門上學的時間，到底是什麼原因造成？父母知不知道？……

心頭千百個疑問湧上，我加足油門直衝現場。

父母的椎心之痛

來到一棟大樓前，見中庭豎立著一個警方用於戶外遮蔽遺體的帳篷。走近一看，地上散落著國中的書包、課本、便當袋。心裡打個寒顫，我試著不去想躺在帳篷內那孩子殘破的面容。

一旁是孩子的父母，兩人相擁著，撕裂的嗓音、哀號般的哭聲……發狂一樣地搥胸自責。

承辦的刑警低聲向父母提醒：「我們調了大樓的監視器，請你們一起回警局，我們來看看孩子的足跡，同時也要了解孩子在日常生活中和學校裡有沒有異狀。」

孩子最後的回望……

在警局內，我看到這一幕影像：就在我送女兒上學的大約同一時間，穿著制服的國一男孩背書包、提著便當袋，和媽媽一起走到一樓大門口。畫面是沒有聲音的，但能看出母子倆在門口揮手道別後，媽媽走入大門內，而孩子往前走沒兩步，回頭呆望著母親的背影，看似哭泣般舉起手不斷揉眼睛，接著步伐堅定地走回大樓……

我忘不了最後他回眸的那一刻——十分鐘後，他成了帳篷內那具冰冷的遺體。

「他和每個人都是好朋友啊！」

男孩是資優班學生。根據家長描述，他沒有因為情緒或是學習的問題與父母爭吵過，和姊姊相處更是親密，也沒透露過遇到需要父母協助解決的困境。老師和同學也說：「他就是和每個人都是好朋友的男生啊！」

他為何選擇走上絕路？在大家傷痛的背後，最後成了無解的謎團。

接住孩子們的「手」，在哪裡？

許多人可能會認為這只是單一個案。但殘酷的事實是，這些年來，學生跳樓自殺幾乎成了常態案件，從小學生到大學生都有。**弔詭的是，當我們記者詢問家長及校方時，所能得知的答案往往是：「看不出孩子生前有任何異狀。」**

「幾乎每四天就有一個孩子選擇結束自己的生命」——請睜大眼看清楚這個數字。衛福部二〇二二年統計，青少年族群自殺死亡率連續二十年攀升，這一年，光是十歲到二十四歲的年齡層，有兩百八十三人自殺身亡，其中十八歲以下有八十人。

面對每年數百件血淋淋的教訓，從家庭、學校到社會，似乎都還是將這些案例當成是「別人家的事」，沒有辦法彼此共鳴，從問題中反思，我們該如何與次世代的孩子相處及溝通。

孩子為什麼自傷？面對「死亡」這件事，他們難道毫無恐懼感？

教育部「校園學生自我傷害事件之分析及防治策略」報告指出，青少年自殺很難歸咎單一因素，人際、情緒、家庭困擾、中輟、拒學等都是常見原因。台灣自殺防治學會利用自殺通報資料庫分析，國、高中以情感及人際關係為主，小學時期則以學校適應問題最常見。這些都可能造成孩子心中的某種「痛苦」，而在他們單純的心中，要讓痛苦消失，放棄生命成了一個選擇。

令人痛心的是，有時也許只是想躲開這種痛苦，並不是真的想要與世界告別，但採取的動作可能過於激烈，而真的釀成分離的後果。

這時候，接住孩子們的「手」在哪裡？

最後一聲「媽媽再見」……

二〇二二年十月是我最難過的一個生日月份，就在我剛過完生日的短短七天內，發生了六起學生墜樓喪命案件，死者包括國小、國中和大學生。

其中的小六與國一男生，兩人的背景及事發過程如出一轍。他們都是父母和師長眼中的好學生，卻也有現代孩子「手機不離身」的共通點，親子衝突由此而生。事發當天的清晨，兩人都為了玩手機的時間問題與父母發生口角，狠狠挨罵一頓。也都選擇了走出大門後，等母親進了家門，他們再悄悄折返住處大樓，從頂樓一躍而下……

兩起悲劇僅相差一天，但場景完全像複製出來的一樣。即使剛挨一頓刮，兩人卻都還是從容地跟家人道再見，接著走了幾步後，望著媽媽進家門，就頭也不回地走完人生最後那幾步路。

我忍著難過，反覆地觀看兩個孩子生前被監視器拍下的影像，重複思索著到底是什麼動機，竟使他們選擇這種最激烈的方式向父母抗議。

「媽媽再見。」

這是兩人留下的最後一句話。

青少年的「孤獨感」

對於各種刑案，我早已麻木，即使站在遭亂刀砍死的屍體前也不為所動。唯獨面對青少年輕生案件，讓我不忍在現場佇足，更害怕看到白髮人送黑髮人的椎心之痛，因為我也是兩個孩子的父親。

身為看盡社會黑暗面的老司機，對於現代的孩子們動不動就選擇最極端的方式，也讓我感到茫然，常常思索著我們的政府和家庭機制，到底能夠在早期幫孩子們做些什麼，減少他們徬徨地在生死之間徘徊。

但每天看著各縣市同仁回報的即時新聞中，校園輕生事件不斷發生，令人無奈這個社會就是提不出辦法阻止這些數字往上攀升。

在刑案偵查中，必須先了解犯案原因與動機，比如情、財、仇……再依據關係脈絡，循線找出可疑的凶手。同樣地，想要了解青少年自殺的成因，防止孩子尋短，就要先了解造成他們形成衝動的原因是什麼。

從衛福與社福機構所做的家庭背景調查，可以發現一個令人關注的先期現象，就是「孤獨感」。

看似開朗，卻內心壓抑的孩子們

這些幻化成天使的孩子，極少數是被歸類為家庭或校園中的問題孩子，反而大多是被認定為「表現很正常或優良」的一族。這個狀況很讓人擔憂。這類孩子相當在意外界看自己的眼光，他們的內心是壓抑的，卻努力表現得明朗、健康，沒人想得到他們的內心世界完全相反。

這類表裡不一的孩子其實也極需要幫助，卻因為無法從外在觀察出，反而是最後得不到幫助的一群。父母、師長關注他們的外在表現、滿足他們提出的需求，然而往往忽略了心理上的需求，因而**產生「都沒人理解我在想什麼」、「大家不再關心我」的孤獨感**。

當遇上某個偶發事件，孩子突然遭受指責，當下不被家人認可，甚至感受到大人的不滿和忽略，負面情緒與情感挫折在這瞬間很容易被激發，最後成了我們不願見到的結果。

處在孤獨世界中，不敢對外求助

二〇二〇年，國二女生安安在校園內輕生，墜樓身亡，母親申訴無門，校方甚至拒絕受理。時隔三年後，一個地方社團揭露了安安的死，竟然可能與師長聯手同學霸凌她有高度關聯，而引起教育局及地檢署重新調查。

安安原本是個成績優異的孩子，二〇二〇年六月，她和同性好友做出牽手、擁抱的親密舉動，遭到導師斥責，並告訴媽媽說她的女兒有同性戀傾向。這個事件撕裂了師生關係，從此安安的所有行為，老師都會無限地擴大解釋，她成為導師的眼中釘。而同學也跟著老師瞎起鬨，讓她處於孤立無援的狀況。

同年九月，安安終於再也受不了，在上課中崩潰而自殘，但校方選擇隱匿，並未啟動校安通報機制。安安的媽媽帶著女兒和學校的輔導老師進行諮商時，還遭到斥責。媽媽在不知道女兒的在校狀況下，只覺得是自己孩子的問題，還告知導師，安安有就醫及服藥。未料，導師以此為把柄，公然在課堂上痛罵安安「有病、變態」。

始終處在孤獨世界中，而不敢對外求助的安安，最後選擇在校園內結束生命……

跟孩子站在同一國

要防止憾事發生，我認為大人要有勇氣先自問：**我們對孩子的「同理心」與「理解孩子」的能力是否足夠？**假若不足，就要勇敢尋求專業體制或人員的支援。否則像無頭蒼蠅般病急亂投醫，一路孤軍奮戰，更無法對孩子提供適當的教育或心理照護，拖延下去，悲劇只會一再衍生。

換作是你，當眼前出現一個想不開的孩子時，你是否提得起勇氣與使命感，去克服面子和恐懼，陪著孩子做出更好的選擇？

當孩子面對來自四方的種種壓力，失去人生方向時，儘管我們很難瞬間在他身邊築起一道防護牆，為其阻擋外來的傷害、或防止其朝黑洞走去，但是可以伸出我們的雙手去擁抱他，跟他站在同一國。

如果能夠正面迎向孩子，細細聆聽孩子到底發生了什麼事，其實就已經打開了第一道正面溝通的大門。

雖然無法有把握當孩子朝生命的下坡路段急衝時，自己能即時地順利阻擋，但有了第一步的溝通，就更有機會牽緊孩子的手，一步步替他按住煞車。至少當速度（念頭）減緩，就已獲得重生的曙光。

但願，我們都能成為隨時可以伸出那雙手的救星。

FILE 17

「青少年偷竊」是罪？還是一種心理疾病？

少年竊盜，正是開始對父母及社會發出警示訊號

在少年觸法案件中，「少年竊盜」的占比最高。而在那背後，常常只是孩子想透過偷竊，表達某些自我想法，甚至是想釋放出與大人「溝通」的訊息。

屢次偷竊，只為了到警局找人聊天

深夜的分局偵查隊，派出所警員送來一名高中生竊盜嫌犯。員警告訴我，他是分局常客，正等待製作筆錄，之後要移送地檢署。

不久，他的父母匆匆趕到。母親又親又抱地端詳孩子是否受傷後，著急地對警員表示他們會賠償被偷的物品，詢問警員是否可以協助向被害的店家求情。另一方面，父親淡定地四處打電話找議員等人情管道，希望化解這場偷竊事件。

俊秀的高中生冷漠地晾在一旁，和父母沒有任何互動。

「這不是第一次了。」員警搖著頭對我說，這對財力豐厚的父母處理的方式如出一轍。最後，父母在店家堅持要送法辦，員警表示會依程序移送，而其他友人避之唯恐不及、紛紛回覆表示愛莫能助下，只能悻悻然離去。

我坐到少年身旁，和他閒聊，從學校一路談到女朋友，就是沒聊到他偷東西的狀況。聊到開心處，他的眼神亮了起來。

直到他要被移送地檢署前，我不經意地提到：「你家又不缺錢，幹麼偷東西？」得到的竟是令我差點跌倒的回答。

「來警察局聊天、交朋友啊！我爸媽對我的每一個同學都有意見，同學們都不想和我在一起。他們還動不動跟我的導師爭執，每個老師都知道我爸媽難搞，盡量跟我保持距離。從小學到現在都一樣，我說了也沒用。在警察局，反而還有人願意和我聊天。」

天啊，這是一個多麼寂寞的孩子。

手機才是爸媽的寶貝

「青少年偷竊」是罪？還是一種心理疾病？

在警政署及警察大學針對「少年偷竊案件誘發成因」的研究中，極少出現與心理病態相關的這四種成因：「病態偷竊症」、「對立反抗症」、「行為規範障礙症」、「反社會型人格障礙症」。這意味著少年竊盜因原生心理造成的狀況是微乎其微。

孩子會偷東西，有時僅僅表達他生活得並不快樂，只能以偷竊滿足無處發洩的情緒；或是當心情非常不好，又無處傾訴時，靠連續的偷竊行為逼父母出面關心——最終目的就在告訴大人：「我遇到人生的困難了。」

我回想起一名五年級學童，他因偷竊文具上了少年法庭，最後責付給父母管教。法官要他寫下悔過書，讀後，無奈地拿給他的父母看。內容寫著：

「我爸媽每天都會親我，說我是他們的寶貝，但我覺得他們說很愛我其實是騙我的。他們每天都在玩手機，只會叫我自己去找東西玩，原來手機才是他們的寶貝。放假時，他們帶我出去玩，還是一直在看手機……」

一個是想要家庭關注的眼神，一位是以行動表達渴求接近父母，孩子內心在對親情的「渴望」與「絕望」中糾葛不已，但是找不到情緒出口，最後只能透過犯錯或怪異行為，吸引父母施捨給他們一抹關愛的眼光。

可曾了解少年竊盜的動機或原因？

在各類少年觸法案件中，少年竊盜算是法律中所謂的「微罪」，卻也是占比例最高的一項。

如果非重大竊盜、慣竊或是累犯，最後法官通常還是會責付給家長管教，並定期進行輔導。但往往在這個過程中，司法單位、家長與孩子之間，若因輔導方法不對而產生衝突，反而會功虧一簣，得到反效果。

孩子會偷竊，都有其成因，但我們是否曾真正去了解背後的動機或是原因？如果沒有，就不要一開始便怒斥他們的行為。

嚎啕大哭的少年竊盜犯

我始終記得在偵查隊辦公室內，犯了竊盜的小蓉渾身發抖著嚎啕大哭那一幕，那是極度害怕與後悔的哭聲。過去我看過的少年竊盜犯多數是低頭不語或嘻皮笑臉地滿不在乎，沒有一個是像她這樣哭的，令人不捨之心油然而生。

高一的小蓉成長於低收入戶單親家庭，下有國一的弟弟與小五的妹妹。爸爸拖著罹患癌症的乾瘦身軀，勉強打零工掙得微薄的收入。三姊弟有一頓沒一頓，除了學校的營養午餐外，早、晚餐都是問題。

暑假期間，三個孩子常常兩天才能吃上一碗家中僅有的白飯，但三人努力撐著，從沒對父親說過肚子餓。然而在家中度過漫漫酷暑，弟弟妹妹不時對小蓉說：「姊姊，我好餓，我想吃菜和肉。」

禁不住弟弟妹妹的要求，又不敢讓爸爸掛心，小蓉決定豁出去，走到好幾公里遠的連鎖大賣場行竊。她將米、肉塞入袋子中，想偷偷地溜出收銀櫃檯時，卻當場被保全逮住。她嚇得在現場道歉，哀求連連，最後還是被送進派出所。

在派出所一見到爸爸，原本一直沉默的她突然放聲痛哭，將心裡的懊悔與委屈傾洩而出。

一向了解這一家的經濟狀況、並曾幫忙辦理低收入戶手續的里長也來求情。經過里長與社工再三地保證，最終業者同意和解，但小蓉卻歷經了一場難堪的過程，不免要走一趟法庭。對她來說，心靈上的受創記憶將存在一輩子。

小蓉不忍父親為生活辛勞，試圖背負起大人的責任，卻選擇了錯誤的方式。

掛著「我是小偷」的板子，公開示眾

看過太多進警局的孩子，他們本身已經感覺到羞愧和自責。家長與教育、司法體制，如果沒有把握心裡這時出現的反省契機，反而選擇過度的刑罰、責怪或保護，尤其是大動作地逼著孩子道歉，或不留情面地在眾人之前破口痛罵，反而會讓孩子好不容易鼓起的勇氣「秒縮」，而錯失面對錯誤、自我反省或彌補的機會。

我也記得一件令人遺憾的真實案例。數年前的一個寒冷冬夜，新北市有個小女孩低著頭，跪在超商前，冷得全身發抖。小女孩的脖子上掛了一塊板子，上面以童稚筆跡寫了四個大字：「我是小偷」。更令人震驚的是，竟然是媽媽為了懲罰孩子而這麼做。

小六的女孩沒告知爸媽就拿家裡的錢不下二十次，每回都拿一、兩百元，為了買東西請同學吃或是買喜愛的文具。父母多次口頭告誡，但一次也沒有真正處罰。

那晚她又拿了錢，媽媽氣得情緒失控，要女兒自己寫下「我是小偷」，把板子掛在胸口，並強拉她到超商門口罰跪，認為這樣才能讓孩子體認到偷竊是羞恥的行為。直到警察與社工前往關切，才結束這場鬧劇。

女孩面對社工和警察，低著頭頻頻說：「我以後再也不敢了……」

新北市社會局當時將女童及母親帶回約談。女童不斷對社工說：「我很後悔。」經評估她的身心狀況正常，並確認沒有遭受家暴的狀況，但仍持續讓她接受數個月的心智發展狀況評估，同時安排做心理諮商。

女童的父母則因為違反《兒童及少年福利與權益保障法》，事後接受五十個小時的親職教育課程。

慶幸的是，這些年來沒聽說有相同的狀況發生。即使如此，我仍然始終對這個事件耿耿於懷。

當女孩跪在那裡時，承受著來往行人投以異樣的眼光，自尊受到多麼深的刺傷？如今已是大學年紀的她，如果在網路上看到自己小時候跪在超商前的那一幕，又會有何感受？我擔憂的是，特意強調或標籤化孩子的犯錯行為，造成孩子的自尊心受挫，影響人際互動，甚至可能對既有的道德感產生憎惡，加深對社會的仇恨。一旦他們開始將錯就錯，不在乎外界的觀感，未來的行為問題反而無法收拾。

偷竊可能是「求救訊號」

每一個犯錯的孩子背後都隱藏著一個原因與動機。他們可能在生活中，會因適應問題、情緒與自我控制問題，形成一種難以自制、有偷竊念頭的心癮。

但我必須說實話，我所遇過的青少年慣竊或是竊盜案背後的故事中，犯案固然有各種成因，卻未曾真的有「天生手癢」、「克制不了衝動」而犯案的例子，也就是先前提到的，病因性竊盜並非常態，也不是主要原因。

在那背後，常常只是孩子想透過偷竊表達某些自我想法，甚至是想釋放出與大人「溝通」的訊息。

尤其是《少年事件處理法》的修正條文從二〇二〇年六月底已開始施行，未滿十二歲兒童的犯罪行為將全面「去刑化」，表示未來兒童犯罪不再移送少年法庭審理，而是回歸教育、社政體系處理。

同時，七歲以上、未滿十二歲的兒童犯罪，警方將改依《兒童及少年福利與權益保障法》、《學生輔導法》，通知家長、監護人及學校，並聯繫社政機構介入，由社工評估後續的處置方向。

如此一來，家長與學校、社政單位的輔導責任變得更重大。而少年竊盜的成因，大多混雜著青春期生理變化、對物品的所有權認知不足，甚至是家庭關係影響等多重因素，所以更需要仔細地釐清原因，耐心地輔導。

通常「初犯」時就是介入最好的時機，去了解究竟是因何種原因而發生，搶在第一時間化解，更能夠增加孩子的自制力與信任。

我看過的輔導案例，都必須花費長久歷程，從孩子與家庭兩方面同時著手。許多少年竊盜犯在輔導過程的自我探索中，自認與家人間的信任早已破裂，遭到放棄與忽視，家庭反而是他們心中最痛的傷口。但**孩子終究渴望被愛，所以用偷東西發出求救訊號。然而，家人不理解，孩子更不願開口。**

再給自己一次機會

社工或教誨師常常對孩子開導：「人生是自己的，不能連自己都放棄自己。人生不如意事十常八九，但如果只是逃避、擺爛，永遠不會有好轉的可能。這不是處罰別人，而是害了自己。」

而我們的社會機制能否在各層面，多方協助少年觸法者融入社會、面對自己？讓他們說出：「我想要改變，我想再給自己一次機會，我想這次我可以吧。」

當這句話出現時，就是對社會最大的反饋。

FILE 18

自幼受虐的孩子，與他們將來的孩子

昔日傷痛不會隨時間消逝，還可能帶給下一代苦果

衛福部與醫界長期追蹤「施虐者」過往的童年經驗，發現受虐兒在長大為人父母後，虐待下一代的比例，是童年未曾受虐而施虐下一代者的三倍。一個孩子不該遭受這種苦難。

家暴創傷，一生難癒

跑新聞多年下來，每一次採訪災難意外與刑案，看著人命消逝的現場，當下內心雖然會出現一絲小抽動，但實際上已很難喚起真正難過的情緒。不過，每每看見遭受大人凌虐、全身布滿傷痕的孩子，一雙雙驚恐的眼神逐漸失去人生的光亮，都讓我心頭如撕裂般痛楚。

衛福部統計，二〇二一年一整年，台灣有一萬一千五百二十三名兒童因受虐，成為政府及社福機構的保護對象。

自小受虐，不僅留下肉體的傷口，更會埋下一輩子難以治癒的心理創傷。兒童時期的負向經驗愈多，身心狀況愈不健全，帶著創傷的他們在成長過程中，可能透過多種樣貌的偏差行為宣洩情緒，而一旦觸法，不免再度被貼上「壞孩子」的標籤，可能就此一蹶不振，最後走向自傷或犯罪的不歸路。

身為兩個孩子的父親，我的痛心

身為兩個孩子的父親，讓我無法理解的是，近年來發生的多數虐兒案件，施暴的父母竟然不約而同地將施暴過程完整拍攝、記錄下來，放上網展示，好似一種勝利者的態勢，將戰利品四處炫耀，展示自己的威權。

二〇二三年七月，放暑假的第一天，就發生兩起映在我腦海中揮之不去的虐兒事件。新北市有一名父親疑似因不滿國小的女兒考第五名，拿藤條猛抽打孩子的腿部，並將布滿瘀青血痕的纖細小腿照片與影片PO上臉書，留言寫著「這學期考第五名的下場喔！」還像展現戰利品般將影片傳給導師。

猶如這個事件的翻版，有位兒科醫師以「我打了我的小孩」為題發文，表示自己過去太寵溺三個孩子，導致孩子連基本的生活自理都出問題，某日因為孩子沒把碗洗乾淨，他竟然對兩名孩子連揙耳光、罰跪等嚴厲管教。前妻心痛之餘，對外控訴兩個兒子各被甩五十個巴掌，甚至連睡夢中都被叫起來處分。

這兩個早已為人父的「大人」，最後都不理會社會及輿論的質疑，選擇神隱，反而讓外界的壓力轉嫁到孩子身上。

自小被虐，長大後虐人

根據衛福部與醫界長期追蹤「施虐者」過往的童年經驗，發現受虐兒在長大為人父母後，虐待下一代的比例，是童年未曾受虐而施虐下一代者的三倍。這充分顯示出家庭暴力可能會代代相傳，形成惡性循環，且暴力犯罪與兒童虐待具有高度相關性。

二〇一九年五月的台南，數百名群眾占據道路，憤怒地圍繞著一處透天宅撒冥紙、丟雞蛋，徹夜瘋狂咒罵，險些引起暴動。這不是一起街頭抗議事件，而是從全省各地湧來的民眾為了一名早逝女童討公道的場景。

只來到這世界一年半的小女孩，長期遭十七歲小媽媽與表姨等四個大人施暴，全身體無完膚，痛苦地離開了這個她還沒有機會接觸的世界。

「女童的媽媽在年幼時也是家庭受暴兒，早在多年前就被通報兒虐。」社工紅著眼說：「她的爸爸以前也是社會局高度關注的嚴重家暴犯。她們全家長久以來被爸爸打，根本像是三餐一樣平常。」

社工說，女童的母親在小時候想要保護自己的媽媽，但是無能為力，最後養成了對大人言聽計從、沒有自己主見的個性。

「十七歲的她，身體是大人，但內心仍像個七歲的小孩。她完全仿照自己的父親，以為孩子用打的就會聽話，如此照顧著自己的小孩……這真的是上一代家暴影響著下一代家暴的悲劇。」社工形容。

三個老師竟聯手虐童

幾次與犯罪學者或心理師聊天時，我問他們：「暴力真的會代代相傳嗎？」

他們給我的答案相當明確，表示兒少在長期目睹家人受暴或是遭到施暴的過程中，因為擔心遭暴力相向，長期處於不安狀態，將會造成人格扭曲或偏激，甚至複製暴力，宣洩自己累積的情緒，而不自覺地也用暴力解決問題。

二〇一七年發生一起虐童案件，台北市一家知名的國小安親班，女性班主任與兩位女老師聯手對學生施暴，並不時用酒精噴孩子的眼睛。班主任還曾帶男童回家睡覺、逼他穿上小女孩服飾供其欣賞，受害的男童長期有害怕及憂鬱傾向。

在司法審理過程中，三名老師接受精神鑑定及評估。透過訪談發現，三人竟然都曾在幼年時期遭受父母虐待，導致產生情緒障礙、反社會人格卻不自知。

即使成年後受了專業的育兒教育訓練，但潛在的家暴陰影造成她們同理心薄弱，甚至見到他人受苦會產生快感，因此樂在其中。三人也因懼怕人群及交友障礙，產生自戀型人格障礙，而衍生從凌虐弱小幼童的行為中，獲得「宰制」的心理滿足。

受虐兒的反撲，猶如一顆未爆彈

美國知名醫學期刊《兒童發展》（*Child Development*）的一篇報告指出，幼年被虐待或忽視所造成的心理傷害深遠，就算長大成人依然存在，不會隨歲月流逝而減弱或消失。

除了自小被虐、長大後虐人的悲劇，當受虐兒長大後，對自己的父母或下一代反噬是最恐怖的後果。從小目睹暴力或是受暴的青少年心中有把怒火，若沒有得到關心和紓解，心中那把火猶如未爆彈，會潛藏在社會的各個角落。

從事新聞工作近二十七年來，採訪過因家暴衍生的弒親案件多到無法細數，有許多件仍讓我歷歷在目。我始終忘不了一對高中年紀的姊弟說出的那句：「爸爸對我們有多狠，我們就對他有多狠。」

案發當時，姊姊剛高中畢業，弟弟讀高一。他們倆的童年幾乎是在父親以皮帶抽打下度過。皮帶就像父親的指揮棒和遙控器，當他所下的指令無法達成，皮帶就如雨下。姊弟倆年幼無力，只能隱忍。終於到了高中畢業這年，姊姊逃離家庭與男友同居，無意間透露自己遭長期家暴及性侵的痛苦過往。男友憤而提出要殺死她父親的想法，竟獲得贊同。姊姊對警察說，她再也不想過奴隸般的人囚生活，想要快快結束這一切。弟弟更脫口說他從國小起，就想找姊姊聯手結束父親的暴行。

於是，姊姊的男友將父親下藥迷昏後，用粗繩捆綁。三人合力把他運到郊區，淋上一桶汽油焚燒。父親一度痛到驚醒，在烈火中掙扎，男友與弟弟兩人拿球棒將他活活打死。在認屍及模擬犯案的過程中，姊弟倆沒有表現過一絲愁容或擔憂自己的下場，反而態度堅定。在旁人看來，即使他們鑄下大錯，也仍惹人憐惜。

童年受虐，讓他步入家暴牢籠

我遇過一個家暴輔導對象阿國。他長期家暴兩個小孩，甚至當老婆阻止時，也連帶地遷怒於她，最後妻子帶著國小年紀的孩子們逃離，再也沒有出現過。

阿國對輔導員說，他從小只要犯錯，總逃不過父母的毒打。不愉快的童年記憶讓他期待能自組幸福家庭，擺脫童年的厄運，並發誓要給妻小最幸福的家庭生活。

沒想到為人父之後，每當孩子哭鬧或犯錯，自己竟然就像鬼上身，會用盡全力毆打孩子。最後妻離子散，他才懊悔地感嘆，原來童年的受虐經驗竟讓自己不自覺地步入暴力牢籠。

法律的腳步，追不上小生命的消逝

衛福部統計，從二〇一八年至今，每年通報的虐兒案件都超過六萬人次。但我從各縣市地檢署及法院觀察，實際進入司法體系中的偵審件數卻相當少。

原因出在哪？

在沒有司法協助下，大多數受虐兒仍只能在暴力陰影下，躲在家中的陰暗角落悲泣，甚至因此喪失性命。政府年年大張旗鼓地喊著要保護兒少，但法律腳步別說跟不上小生命消逝的速度，根本可說是停滯不前。

悲哀的是，台灣至今竟然仍只有《兒童及少年福利與權益保障法》，缺少具有急迫性、強制性與加重刑度的兒少保護專法。

根據《兒少法》，即使兒童受虐成傷，也只能用「告訴乃論」的《刑法》傷害罪偵辦，而且「沒有提告，就等於沒有發生」。

試想，絕大多數的施暴父母或成年人都會想盡辦法隱匿自己的暴行，而受害者又是未成年人、甚至嬰兒，要讓他們自己提告，簡直就是天方夜譚。

目前國內的兒童及少年保護，仍然聚焦在兒虐事件「發生後」的處理，或是提供補償協助。兒虐涉及的範圍從家庭到社會，至今，國家機制仍未將「預防」的這道防線推到第一線，但單靠熱心的社福團體絕對不夠。

更洩氣的是，我看到的司法實務中，兒童受虐案件在法院審理過程，法官對虐待成傷的認定向來採極度嚴格態度，就算致死，施暴者也大多因「沒有殺人犯意」，以較輕的過失致死罪論處。

面對兒虐，所有人都不該沉默以對

家庭真的是最好的避風港嗎？當家庭反而成為牢籠時，整個社會機制，卻無法提供孩子們溫暖的棲身角落，反而放縱讓人最恐懼的野獸張牙舞爪地等著這些孩子們。有多少在大家眼前笑逐顏開的孩子，從另一面看到，竟是想張口卻喊不出救命的悲傷愁容。

「兒時受到的創傷，身體絕對不會忘記」。年少時期應該是最無憂的快樂時光，孩子們卻承受著大人的折磨，遍體鱗傷。每次在這類案件的採訪現場，我總是不斷在心裡感嘆，為何這些孩子要承受如此的折磨。

如果他們從小就對這個社會絕望，長大後還能對這世界有多少期待？悲劇如此無限輪迴，最後總會遭到無情的反噬。

整個社會，都必須向這些曾經受虐或正在受虐中的孩子們道歉。一個孩子不該遭受這種苦難。所有人更應該讓他們遠離暴力威脅，而不該沉默以對。

FILE 19

被殺戮終結的青春

恐讓自己的生命成為廉價陪葬品

衛福部及警政署、社福單位都針對觸法少年的心理狀態做過深究，發現其特徵是「已經對人無法產生同理心」。感受不到受害者的痛苦，刀棍落在別人身上，自己無關痛癢，加上在網路及多媒體環境下，習慣了暴力場面，對於肌膚痛感與血腥感到麻木。

犯罪的面孔，為何愈來愈稚嫩？

跑社會新聞近二十七年來，每天接觸各類型犯罪，看過不同年齡層的男女嫌犯，常常有人問我：「你認為到底是人性本善？還是人性本惡？」

說實話，我無法回答。我真正關切且想深入探究的是：隨著犯罪的面孔愈來愈稚嫩，到底是什麼原因或動力，讓愈來愈多青少年內心存有暴戾之氣，甚至化為凶手？

令我畏懼的是，青少年殺人事件不只是數量激增，質量上的惡化才讓人膽顫。過去只是同儕間動動木棒、拳頭，今日孩子的犯罪手法卻愈來愈冷血、暴力，動輒刀槍、凌虐，這是民國八十年以前的世代無法想像的。

青少年犯罪者早熟得可怕，不可再被視為年幼無知，也並非只會逞血氣之勇，而是迎合著科技及媒體發展潮流，走向集體化與智慧化的趨勢，犯案的對象也伸向成人。

孩子出現偏差行為有很大的成因是源自家庭問題，背後存在不少令人心疼的故事，不過，**很多所謂的正常家庭也會出現行為偏差的小孩，這點，也應該深究。**

十六歲的弒母少年

我見過一名弒母的少年，他當時僅有十六歲。

少年的相貌俊俏如韓星，剛在警局看到他時，只以為是個愛耍帥的少年。詢問之後得知，他高中念一半就輟學，屬於新北市某個小陣頭組織，有個威風的外號叫「關羽」。

記不清自己採訪過多少因殺人葬送一生的少年，但是像關羽這樣殺害母親後，還笑得出來的，他是第一個。

「你殺媽媽的動機是什麼？講清楚一點，愈詳細愈好。」刑警單刀直入地訊問。

他似笑非笑地冷回：「省得她找我麻煩。」如此直白的回答讓我打了個冷顫。

關羽可說是在母親的關愛中成長。雖然國小時雙親離異，但媽媽對他呵護備至，同居人也對他視如己出。媽媽在工作之餘，盡量陪伴在旁，並且竭盡所能地滿足孩子的物質需求。

國二那年，某次關羽花完了零用錢，亟需用錢的他來不及向媽媽伸手，於是去偷，結果吃上了人生第一場官司。他覺得這個厄運都是母親害的，對警察說：「我媽要是給我更多錢，我就不必去偷，也不用固定來這裡聽訓。」

後來他曾經趁母親熟睡後，開瓦斯企圖製造意外事故未遂，於是又前往少年法庭報到，最後裁定二度保護管束。他開始有個想法：「司法也奈何不了我。」

高中時，他加入地方陣頭組織，染上吸毒惡習。母親即使知道真相，仍敵不過心軟，持續給予金錢。有次他伸手要錢買毒，母親隱忍多時的情緒終於大爆發，痛罵：「我把你養得好手好腳，為什麼不自己去工作賺錢？」

為了這句話，他起了殺機，找來平常一起在陣頭廝混、曾獲得全國跆拳道比賽前三名的李姓少年一起行動，回家將母親殺害後，還到北海岸泡溫泉玩樂。

一路對孩子呵護備至，竭力滿足孩子生活與物質享受的慈母，人生的終點站，竟是命喪在自己最愛的兒子刀下。

這個慘絕人寰的案例，我身為採訪旁觀者所蒐集到的資訊，處處都能看出母親為了滿足孩子，在物質上的無限付出。但她在言教或是身教上，正確地教導孩子價值觀與自信地成長了嗎？看似是沒有。偏差的物質觀，讓她的小孩陷入墮落。

台北大學社工系兼任助理教授陳祖輝表示，父母在物質上溺愛，就是從原本的增強獎勵其行為，到視為理所當然一定要獎賞，甚至嚴重到不知為何而獎賞；或認為給予子女物質上的東西是愛孩子最佳的表達方式，不管子女接受與否，會自我合理化孩子將來一定會對父母知恩圖報。

陳祖輝認為，最後就容易造成小孩缺乏是非觀念、欠缺責任感，難以培養獨立思考的能力。

認為「被瞪」就報復

隨著少子化的趨勢，許多家庭的孩子集寵愛於一身。然而當父母對孩子只說「YES」，在教養上沒有劃出適當的界線，孩子從中學到的無非是對生命的輕率態度，容易變得唯我獨尊。

甚至有些少年的犯案動機只因欲望得不到滿足，就不擇手段地報復。看了太多這類案例，我原本已麻木，但是當見到連身為警官的好友也受害，讓我感到切身的恐懼。

好友在刑事鑑識中心擔任科學鑑識工作，偵辦了許多備受矚目的大案子，是警界的明日之星。某天他休假，帶著妻小出門，開車途中，不經意地看一眼身旁的一群機車少年，對方竟尾隨其後並包圍住他的車。他直覺對方不懷好意，大喊：「我是警察！」但這群少年抽出西瓜刀，在他的妻小面前，將他整隻手掌砍下。

這些孩子到底有什麼行凶動機？偵辦員警得到的回答僅有一句：「誰叫他要瞪我們。」

在我們的記憶及認知裡，台灣刑案歷史上，不論是窮凶惡極的匪徒、勢力再龐大的黑幫或是背負多條人命的槍擊要犯，都是一聽聞警察來了，就立刻轉身逃逸。但時代改變了，現今只要打開電視新聞，動輒可見到街頭鬥毆的青少年對員警嗆聲、甚至施暴的畫面。

分不清「傷害罪」和「殺人未遂罪」的孩子們

家庭、學校及同儕等許多層面，都可能引發青少年的殺人動機。然而這個時期的他們還是情緒性的動物，常衝動犯案，未思考利弊得失與行為後果可能有多嚴重。

台北市曾發生一起三名高中生當街遭砍成重傷的暴力事件，涉案的七男二女是同校的學生。他們在校園內先毆打過其中一名被害女生，放學後堵在校門口附近，見到女生與男友、同學出現，就湧上前持刀亂刺。這場險些釀成三條人命的案件，起因竟然只是他們不滿那個被打的女同學在學校太高調。

九個人落網後，還在警局內打鬧玩樂，遭到警方訓斥也滿不在乎，直到被告知「殺人未遂」恐犯五年以上重刑時，才嚇得不停問道：「不是只有傷害罪而已嗎？」

影響人生的兩個開關：家庭與學校

青少年犯罪愈來愈殘忍化，原因何在？

衛福部及警政署、社福單位都針對觸法少年的心理狀態做過深究，發現其特徵是**「已經對人無法產生同理心」。感受不到受害者的痛苦，刀棍落在別人身上，自己無關痛癢，加上在網路及多媒體環境下，習慣了暴力場面，對於肌膚痛感與血腥感到麻木。**

在這篇文章的開頭提到，有很多人問我認為到底是人性本善，還是人性本惡。其實每一個犯罪少年原本都是一張白紙，直到他犯了罪、或甚至成為累犯，「人性本惡」的立論才被端上檯面。

我的看法是，如果我們一開始就不讓白紙被染黑呢？這個想法像是天方夜譚，但以此為出發點，我相信有助於少年犯數量的減少。

孩子會轉為暴戾、自我放棄，內心一定有個「開關」，如果沒人去啟動它，我相信不會有後續的偏差行為產生。我認為影響他們人生的關鍵開關至少有兩個——

家庭：你了解孩子渴望的「小確幸」嗎？

家庭裡，很多父母疏於陪伴孩子，於是產生彌補心態，而用物質與金錢來表達「我很重視你，我很愛你」。

然而，看看台北市政府年年針對學生做的「子女心目中的幸福是什麼」調查，結果顯示，孩子心目中最幸福的事就是父母親能夠「抽出時間」，陪他們吃飯、聊天，在孩子需要的時候，適時給予傾聽和協助。這就是對孩子們來說，最寶貴也最值得珍惜的事。

家庭教育是一切教育的基礎，而人格與生存能力的教育養成，需要付出時間與耐心地循循善誘。只不過，「空出時間陪伴」乍看不難，卻是孩子心中多麼奢侈的願望。

身為父母的我們，是否了解自己孩子心中渴望的那份「小確幸」？

學校：不要對孩子貼上任何標籤

在校園裡，最傷孩子的一件事就是「貼標籤」。

不要對孩子貼上任何標籤。沒有人喜歡自己被當成壞孩子。一旦被強迫分類，等同公開宣示自己不被學校及師長認同，自然會去選擇幫派或是其他同溫層同儕的認同——而學校豈不是成為間接將孩子推入犯罪深淵的推手？

當大人們不斷討論在這個險惡的社會中，該如何自保與教導孩子自保時，不妨回頭想想激使孩子產生暴力傾向及行為的成因。從多面的角度關心周遭的孩子們，並協助困居在失能家庭中的孩子，才能讓他們擁有自信與希望，看到前方的光亮。

FILE 20

別忽視「偏心」引發的殺機

家人往往淪為家庭悲劇的犧牲品

「家內命案」中，最容易讓人忽略、卻也最常引起衝突的原因，是因父母對待而產生的「偏心感」。多個縣市警局的少年隊研究發現，少年犯罪的動機之一，是認為遇到狀況時，大人未正確及公平地處理，而默默助長了偏差行為的規模。

「家內命案」的最主要原因：偏心

台灣歷年發生過的重大刑案，幾乎脫離不了「情、財、仇」三項殺機。但在「家庭內」因衝突而引發的命案中，最容易讓人忽略、卻也最常引起衝突的原因，竟然是因父母對待而產生的「偏心感」。

「偏心」這項細微的心理因素，每個人在成長歷程或多或少曾體驗過。從家庭、學校到職場，「偏心感」隱藏在每個人的內心，這點應該沒人會否認。當遇上挫折、遭受責難或情緒低落，事情不如自己的意時，「都是×××偏心」的怨念與推責往往就脫口而出。

大多數人在短暫的「吃味」後能迅速調適，視為柴米油鹽醬醋茶般的生活日常，但也有人隱忍一輩子，帶著恨意終老一生。更有不少人因此大逆不道，痛下殺手，殺害父母及手足，付出慘痛代價。

各類少年犯罪中，被害者大多是「家庭以外」的人，但「偏心」這項犯罪成因獨樹一格，與其他類型的犯罪成因很難搭上關係。特殊的是，**這種微妙且強烈的心理感受，卻成為「家庭刑案」中，傷害家庭成員的最主要原因。**

大部分的父母會否認自己對孩子偏心，但心智尚未成熟的孩子，只要稍不如意，遭受責罵或貶抑，常常便開始感到憤怒和挫折。尤其當手足表現得比自己優異、獲得較多資源時，就會產生競爭與嫉妒心。看著許多件被認為是偏心造成的殺人案模式，過程與成因、犯案手法幾乎如出一轍，可見隨著挫折感持續累積，會直接影響孩子的人格發展，加上感到漸漸失去父母與手足的親情，當正面價值毀壞，這時就很容易誘發出殺人動機。

這不是危言聳聽。在我接觸過的刑案裡，碰上始終無法踏過「父母偏心」那一道駁坎，最後抓狂而對父母及手足痛下殺手的案例，實在是不勝枚舉。

一本叫做「死亡筆記本」的日記

二〇一九年的農曆年前，熟識的員警傳訊息給我：「小戴，快快快，北所有死刑犯自殺身亡。」

死刑犯自殺？我腦中立刻搜索相關案例，但過去似乎未曾發生過類似狀況。莫非台北看守所發生了台灣獄政史上，首例死囚自殺死亡的案件？

我立刻打了幾通電話查證，得到「確實如此」的答案。不過一聽到死者姓名時，讓我陷入那幕慘不忍睹的血腥回憶……

我對死囚小安之所以印象深刻，不是因為他冷血的殘忍弒親手法，而是他日記中的那句：「後悔絕對不存在我心中！」顯露出他對父親以及弟弟們的恨意。但是，一個再正常不過的五口小康之家，身為長子的小安為何會突然殺害父親？

回溯原因，小安的兩個弟弟成績傲人，他卻完全相反，遭到斥責對他而言猶如家常便飯。弟弟們要什麼有什麼，但這種好事從不曾出現在小安身上。多年來，「你只會對兩個弟弟偏心」這句話常掛在他嘴邊，成為與父親爭執的日常。

二〇一〇年九月底，父親要出門上班前，父子倆又起爭執。小安撂下重話：「我們斷絕關係！」隨後在家門口將父親亂刀砍死。

小安的殺人動機是什麼？檢警給了答案。犯案時二十八歲的他，從國中起，就以日記本完整記錄了自己的弒父計畫，還將日記命名為「死亡筆記本」，內容驚悚駭人。即使只是文字，連結到命案現場的畫面，在我眼中也實在太過殘忍，令人怵目驚心。

即使在最高法院召開生死辯時，律師提出病歷，主張小安因患有精神痼疾才持刀殺父，應獲減刑，免他一死。但是媽媽卻反駁，兒子雖有持續看診，在按時服藥的情況下，病情已受到控制，兒子說是情緒失控的說法，她不能認同與寬宥。

小安最後遭判處死刑。無論是司法審判過程或是在死牢的九年中，他未曾對家人、法官、教誨師或是管理人員，表達過一絲對家人的歉意。他在獄中結束自己的生命後，家人甚至不願替他收屍，最終成為被遺忘的生命過客。

我自己也是兩個孩子的父親，即使遇過再多類似的刑案發生，我仍堅信「手心手背都是肉」是父母的天性。但是遇過的眾多社會刑案中，卻看到許多長期被拿來和手足比較，久而久之心理不平衡的青少年。他們往往自信心低落，認為自己做得再好，都不會受到鼓勵、讚賞，逐漸築起與手足或父母對立的高牆……
當敵意加深，人生僅剩復仇這個扭曲價值，這就是悲劇的開始。

隱忍了十年的恨意

在小安弒父事件發生的隔年，當大家的記憶逐漸淡忘之際，又是在農曆年前，如同翻版的案件再度發生——我從犯案的小維身上，看到了小安的身影。

小維是家中老二，從小覺得父母偏愛優秀的哥哥，凡事又叫他禮讓幼小的弟弟。他表現普普，父母對他的管教異常嚴格，讓他自覺父母心中根本沒有他的存在，長期不受重視。

他從國中開始便不斷計畫要報復。甚至為了實行殺人計畫，當兵時，自願加入訓練嚴苛的蛙人部隊，只為了執行計畫時無人能敵。

他選擇在元旦這天，全家團聚時，殺害了母親及哥哥，父親則被刺成重傷。當兵的弟弟因延誤返家而逃過一劫，但他喊話「不會放過弟弟」。

犯案後，他坐在家中，冷靜地等警察上門。在警局內，大聲地對員警說：「我等這天等十年了！十年前我年紀小，體格不夠好，現在時候終於到了。」

在法庭上，他說：「我的目標沒有達成，因為我父親及弟弟都還在。我的目標是同歸於盡。」他還向法院申請做ＤＮＡ鑑定，想確認自己確實「不是」父母的親生小孩，憤怒程度可見一斑。

一股隱忍了十年對父母偏心的恨意，讓一個人竟然想要與家人同歸於盡，甚至不想承認他們是有血緣關係的一家人。這股情緒上累積的負能量，真的太出人意料。

長久遭受貶抑的失落

不只有多年累積的負能量會釀成巨禍，我們往往也忽視青春期階段，孩子的「需求感」。不管是真的被冷落，還是在家庭資源分配下，自認被冷落，他們心中的苦楚皆需要受到重視。

對於孩子的不滿，「只要哄哄就沒事」？不，千萬不能小看滿足需求感的重要性。警政單位針對殺害直系與旁系尊親屬的加害少年案例，進行心理分析，發現少年觸法事件中的青少年嫌犯，非常容易因為父母的態度，而對手足產生嫉妒心理，進而衍生報復心態，而且是用極端的手段報復家庭成員。

從更深的層面來看，在比較心理下，會讓孩子產生嚴重的自卑感，喪失自信心，開始放棄學業，並逃離這個「看不起他」的社會與人際關係，繼而試圖脫離及毀滅家庭。

嫉妒就是在看到別人卓越、成功、比自己更好時，產生的一種比較心理。消極地看到自己所缺乏，而產生強烈的負向情感反應，衍生怨恨、憎惡、敵意的情感。

諮商心理師劉乙欣與蔡羽柔都表示，嫉妒感的出現，往往伴隨著心中深處「覺得自己不夠好」的聲音。看見他人擁有更好的資源與成就，內心會不由自主湧現深深的不甘心，覺得無法滿足自己的期待，因而感到挫折。

當內在自信不夠穩固，就容易將關於他人的任何項目都拿來跟自己做比較，最後促發「嫉妒感」讓自己感到更沮喪。

再舉一個案例，高雄市曾發生一起國二男生殺害國三姊姊的命案。犯案的少年向員警抱怨：「我爸媽偏心，我都不能出去找人玩，也不給我零用錢。姊姊做什麼都可以，都沒人念她。」這種對父母及手足不滿的理由，在每個家庭稀鬆平常，但積壓多時的怨念及嫉妒心理，卻讓少年動念要「排除姊姊」。他等姊姊放學回家後，持刀殺了人，並放火焚屍。

此案的隔年，台中一個高一男生，因為成績優異的國二妹妹從國小開始飽受父母稱讚，成績普普的自己卻只有挨罵的分，而認為爸媽偏愛妹妹。於是趁著父母外出，兄妹倆獨處時，用木棍把妹妹打死。

這起悲劇是否又是父母的偏心引發，並無正確定論。但從少年的表述所表現出的嫉妒、憤怒、沮喪，以及長久遭受貶抑的失落，顯見他對於自己的手足親情呈負面觀感。

請看見孩子的「好」

青少年階段原就處於身心變動劇烈的狀態，若在家庭、學校或是同儕團體中，覺得自己沒有被平等對待，可能更容易變得沮喪和自卑，同時也更容易陷入困境。國內多個縣市警局的少年隊研究少年觸法事件也確實發現，少年犯罪的動機之一，是認為遇到狀況時，大人未正確及公平地處理，而默默助長了偏差行為的規模。

即使這些在成長過程中遭遇「偏心」的負面經驗並未嚴重到讓人失序犯罪，但隨著出社會，開始擴大生活的社交圈時，容易引發對他人產生嫉妒和比較心態。

要如何減少孩子所感受到的「偏心感」？我認為有一個重點是「看到他們的好」，大方地給予讚美。

台灣的教育體制與家庭特性，對孩子的貶抑和指責遠多於鼓勵及讚美，尤其容易在學校因成績或行為表現，讓孩子「被區隔」成遭到忽視、或是資源較少的邊緣族群。

每個孩子都是獨一無二的，無論外貌、個性，都是獨特的。但教養難在針對不同的個性，要給予不同的教育方式，看在孩子眼中卻可能形成不公平或比較偏愛誰的印象。

然而透過鼓勵與讚美，能讓孩子更了解自己擁有的特質與價值，知道自己受到重視，自然不會產生嚴重的疏離與不公平感。在社會上，也因此減少了一個犯罪成因。

而減少一個少年犯罪，就是救起一個孩子。

FILE 21

兩小無猜的感情世界，不應透過血淚來試煉

先成為好人，才能成為好的戀人

這個社會教育孩子要「贏在起跑點」，卻多半忽略了培養感情的處理能力，造成孩子面對人與人的細膩相處時，往往相對「低能」，談及愛情時，習慣用「勝敗」來看待。

過不了情關，竟選擇玉石俱焚

當仍在學習認識感情世界的孩子面臨「愛已成往事」，該如何協助他們調適與自處？這是我在遇到年輕孩子犯下情殺案時，常常盤旋於腦海中的問題。

性別觀念多元及性別教育提升的今日，年輕生命的感情悲劇反而日益增多，手段也愈來愈激烈，甚至因此而傷害他人，也犧牲了自己……其中，到底是哪一個環節出了差錯？

故事從一篇道歉聲明開始：「我們那痴傻孩子過不了情關，竟然選擇玉石俱焚，鑄下不可挽回的大錯……」

醫院大廳內，一位母親顫抖地將這篇聲明交到現場採訪的我手中。我順勢抬頭看了看她的臉龐，被眾多媒體包圍拷問的她就像個小女孩般無助而驚恐。

她是加害學生小勤的母親，剛剛失去了寶貝的獨子。

幾個小時前，小勤與男友相約在學校宿舍前談判。情緒失控下，他動手對男友潑硫酸並砍成重傷，接著當場自戕身亡。

受害者還在開刀房急救中。小勤的父母痛哭著向他的父母道歉：「對不起」、「我們生了個白痴孩子……」清晰的哭喊聲在長廊迴盪。

仔細看道歉信的內容，上面寫著：「此時此刻說一萬個對不起，也無法彌補孩子鑄下的大錯……孩子一夕間不見了，真的……真的……一時不知如何是好……幾近崩潰傷痛之餘……心碎的我們，在此誠摯地向被傷害的人，還有社會大眾，致上最深的歉意……」

當感情最後竟是透過暴力解決，事後再多的淚水與道歉，都無法挽回兩個原有著大好人生、青春健康的孩子。我們只能見到，兩個遭受牽連拖下水、永遠無法彌補的破裂家庭。

「媽，我做錯事情了，怎麼辦？」

這個社會教育孩子要「贏在起跑點」，卻多半忽略協助其培養感情上的處理能力，造成孩子面對人與人的細膩相處時，往往相對「低能」，談及愛情時，習慣用「勝敗」來看待過程與結局。這種「勝者就能占有」的想法，成為悲劇的開端之一。

台北市前三志願明星高中學生的一件凶殺事件，就是最明顯的青少年感情衝突縮影。在校成績名列前茅的高二男學生貝貝，一早起床後，如往常般背著沉重的書包出門。但這天，書包內並非裝著課本及參考書、講義，反而是新買的玩偶，和榔頭、菜刀、水果刀、膠帶，甚至還有礦泉水瓶裝的汽油。

他搭車前往板橋的一處公園埋伏。見到女友出現，便將她拖到公園的男廁內，把女友砍成重傷，接著逃到北海岸。原想要殉情，卻沒有勇氣，最後他回家，由母親陪同前往警局投案。

「媽，我做錯事情了，怎麼辦？」

在警局內，貝貝問母親，而我就在遠處看著這一幕。

我花了一番功夫去了解前因後果：原來兩人交往已久，但女方說要升高三了，想專心備戰學測，提議減少見面，貝貝卻認為異性緣佳的她肯定是移情別戀，一股醋意在內心湧現。案發當天，他帶著各式玩偶想送女友以求得歡心，卻遭她冷言回絕，當下他理智失控，痛下殺手。

讓孩子感受到：「我們願意接納，和你是一國的。」

我們告訴孩子「愛要大聲說出來」，建立相愛的勇氣，卻似乎缺少培養他們在愛中相處的能力。

感情這檔事，家庭和學校其實是輔助角色，但是當這項功能不彰時，對於還在摸索如何面對感情悲歡的孩子而言，為了紓解累積的負能量，可能演變成衝動地「替自己的委屈出一口氣」。

遇上情傷時，自我處理及療癒能力尚不足夠的青少年，極度需要家長與師長的談心和輔導，或是向同儕、友人傾訴。若缺少向外求助的管道或抑制自己的情緒，壓抑到最後，往往會出於本能而做出負面反應，或不自覺地模仿戲劇情節來紓壓。但綜觀網路、戲劇與新聞媒體，充斥的多是負面教材，使得孩子相當容易陷入這些負面手法的影響，轉化及運用到自己身上。

我不是感情專家，但我敢說自己是交友高手。對於現在高三的兒子和小五的女兒，從他倆小時候，我便試著協助他們多結交異性朋友，因為多了解對方，才能熟悉相處之道。從兩人上小學起，我就頻繁地邀約同班及其他班級的男女同學，設計各種家庭戶外活動，讓一群大人、小孩玩在一起，互相熟稔。

從兒子身上，我觀察到他們這群從小玩到大的朋友之間，幾乎沒有青春期的尷尬和羞澀，反而是互動得很大方。

兒子曾喜歡上其中幾個女生，也有女孩對他表達愛意，彼此有接受、有拒絕，但是他們並未吃醋或鬧僵，反而成為交心的對象。打鬧也好，或是聆聽心情也好，相處上的小摩擦從未造成衝突。這些狀況，我們家長一一看在眼裡。

對於小學五年級的女兒，目前我也用這個模式進行交友的情感訓練中。

我的目的純粹是想要讓孩子多從互動裡，學會兩性間的大方往來，從中了解異性的行為、個性及想法。父母也能從這些共同活動中，更了解小孩身邊最親近的朋友，因為他們有可能是孩子情竇初開的對象。有了深刻理解，一旦發生問題時，自然就好找出原因來調解。

孩子學會了性別相處的基本之道，並且已習慣與父母討論感情事，那麼，不管是現在或未來出了社會，我相信他們不會因感情受挫，就六神無主、情緒無處宣洩，讓混亂思緒帶著走而犯錯，這樣足矣。

先成為好人，才能成為好的戀人

大人絕不要想限制孩子認識感情的天性，但也不能任其奮不顧身地往前衝。為了避免憾事發生，如何協助孩子將青春愛戀的酸甜苦澀化成人生的養分，成為美好的學習和生命經驗，是重要的一環。

我認為培養愛情觀的基礎，首要就是教導孩子「成為好人」的觀念，唯有成為好人，才能成為好的戀人。並且讓他們感受到「我們願意接納，和你是一國的」，有問題時，一起攤開來討論。在這樣充滿信任與安全感、知道有諮商對象的環境中，孩子自然有餘裕去體驗情感的酸甜滋味。

「勝者就能占有」的想法，是悲劇的開端

二〇一五年，某醫學大學發生一起情殺悲劇。同班同學小光與小童都是重考進了醫學系，加上父親都是知名醫師，因背景相近，兩人成了莫逆之交。然而，他們不約而同地愛上了同一位學妹，友情開始產生嫌隙，雖然表面平和，實際暗潮洶湧。

最後，學妹選擇了小光。小童在失意下，約了「勝利者」小光到租屋處喝酒，傾訴自己告白卻慘遭拒絕之苦。但無法抵過內心的醋勁與恨意，竟預謀在酒中下藥，接著徒手將小光勒死後，放火焚屍。

小童在無法面對現實下，寫了一封遺書給父母：「爸媽對不起，要讓你們失望了，只求你們不要為我難過，不要再為我掉眼淚……如果能回到當初，希望還有主的帶領。」並留給弟弟一封信：「好好幫我照顧爸媽……我作了一個壞的榜樣。」

接著，他結束了自己年輕的一生。

在處理感情問題時，如果因為放不下而一時氣急攻心、羞憤惱怒，一味地責怪、否定對方，甚至用上激烈手段，除了造成悲劇，人生的全部恐怕也跟著一起陪葬，還讓全家人遺憾一生……

是否遺漏了學習「情緒管理」與「情感認知」？

前述三個慘痛案例，加害者在面對感情挫折時，找不到適時宣洩負面情緒的管道，最後做出傷人也傷己的行為。

幾位當事人都就讀名校，並且皆出身於注重教育的高知識家庭。這些失控行為令人不禁深深感嘆，在令人稱羨的家世背景、學歷或外貌之外，他們卻因無法接受情感挫折、走不出情傷而出手殺人，在他們的成長拼圖中，似乎遺漏了「情緒管理」與「情感認知」這兩件事的學習。

婦幼官提醒「安全分手要點」

政府在二〇一六年修正施行《家庭暴力防治法》，增加俗稱「恐怖情人」條款，將未同居但有「親密關係」的情侶、伴侶納入，準用保護令聲請及相關保護措施。警政署統計，二〇二〇年依此條款聲請保護令達兩百三十五件，較二〇一九年增加了三成多。

衛福部保護司統計，台灣二〇二二年的家庭暴力通報案件高達十九萬兩千多件，平均每天約有五百二十六件家暴案件發生。

警政署也統計，自二〇二二年六月一日《跟蹤騷擾防制法》施行至二〇二三年一月三十一日止，警方共受理兩千零八十四案，其中，一般跟蹤騷擾案件一千一百七十四案，家暴跟蹤騷擾案件九百一十案。從被害人的性別分析，九成為女性，一成男性；而從行為樣態分析，以「通訊騷擾」和「盯梢尾隨」皆突破一千次為最多。

小小恐怖情人的案例愈來愈多，讓人省思，**除了戀愛，學習「如何分手」是更重要的事。**除了本身問題，其實最重要的癥結，就是雙方不了解怎麼談分手。尤其「被分手者」往往成為加害人，從他們的角度剖析，被分手者往往會自認為是受害者，開始自我否定，推翻自己的價值，最後可能惱羞成怒，做出不理性的行為。

台北市警察局婦幼隊建議，目前雖有《家暴法》與《跟騷法》等保護措施，但仍可能緩不濟急。恐怖情人在交往中，較常出現無法接受別人比自己好的低自尊，導致對伴侶拳打腳踢、對小動物包容性較低的暴力傾向，以及常會希望知道對方行蹤、缺乏安全感等特徵，因此建議做法是「提早發現、提早離開」。

分手後若出現糾纏、威脅要求復合、更嚴重的暴力攻擊或散布私密影像等行為，應立即報警處理，以獲得法律及社政資源保護。

婦幼官也提醒幾個「安全分手要點」：

- **談分手時應找人陪伴，若發生衝突可互相照應。**
- **分手切勿提出模糊不清的理由或避而不談，不斷拖延只會讓雙方不安，造成後續騷擾的狀況。**
- **盡量在白天及精神狀況良好時，與在公共場合談分手，以免對方有危險、衝動的行為產生。**
- **雙方避免有金錢糾紛，分手時，將物品清楚地返還，減少事後與對方還有接觸的機會。**

成功的分手必須做到「不要否定對方」，如果將對方的個性、生活習慣乃至家庭背景統統推翻，只會造成雙方關係緊張，將自己推向險境。

陪孩子走過失戀的天崩地裂

「曾經滄海難為水」，青少年的愛情，常用一通電話、一封簡訊就宣告「分手」，但青少年的第一次大多是耗費洪荒之力，全心投入，若遇上突然收場，往往一時無法承受情感的巨大變化，霎時間衝動之下容易犯錯。我們這時應該從旁輔助，採多溝通的漸進模式，慢慢地將感情淡化。

既然愛情不是物品，就更不能出現「愛不到就要毀了對方」的報復心態。當有這種情緒產生，絕對是恐怖情人的先期特徵，這時務必切記要謹慎地冷靜處理。

我相信，每個大人都希望孩子在處理感情議題上，得到的結果是，「我們即使不能成為男女朋友，但可以成為一輩子的好朋友」，而不是「爸媽，對不起，我犯下了大錯」。

國家圖書館預行編目資料

誰讓青春沒有明天：揪出孩子身邊，虎視眈眈的犯罪陷阱/戴志揚著. -- 初版. -- 臺北市：寶瓶文化事業股份有限公司, 2023.11
面； 公分. -- (Vision ; 249)
ISBN 978-986-406-385-7(平裝)

1.CST: 青少年問題 2.CST: 青少年犯罪 3.CST: 社會問題

544.67 112016697

Vision 249

誰讓青春沒有明天

——揪出孩子身邊，虎視眈眈的犯罪陷阱

作者／戴志揚（《中時新聞網》副總編輯．資深社會記者）
企劃編輯／丁慧瑋

發行人／張寶琴
社長兼總編輯／朱亞君
副總編輯／張純玲
編輯／林婕伃
美術主編／林慧雯
校對／丁慧瑋．陳佩伶．劉素芬．戴志揚
營銷部主任／林歆婕　業務專員／林裕翔　企劃專員／李祉萱
財務／莊玉萍
出版者／寶瓶文化事業股份有限公司
地址／台北市110信義區基隆路一段180號8樓
電話／(02)27494988　傳真／(02)27495072
郵政劃撥／19446403　寶瓶文化事業股份有限公司
印刷廠／世和印製企業有限公司
總經銷／大和書報圖書股份有限公司　電話／(02)89902588
地址／新北市新莊區五工五路2號　傳真／(02)22997900
E-mail／aquarius@udngroup.com

法律顧問／理律法律事務所陳長文律師、蔣大中律師
如有破損或裝訂錯誤，請寄回本公司更換
著作完成日期／二〇二三年九月
初版一刷日期／二〇二三年十一月十日
初版八刷日期／二〇二四年四月三十日
ISBN／978-986-406-385-7
定價／三七〇元

AQUARIUS 寶瓶文化事業

愛書人卡

感謝您熱心的為我們填寫，
對您的意見，我們會認真的加以參考，
希望寶瓶文化推出的每一本書，都能得到您的肯定與永遠的支持。

系列：Vision 249　**書名：誰讓青春沒有明天——揪出孩子身邊，虎視眈眈的犯罪陷阱**

1.姓名：＿＿＿＿＿＿＿＿　性別：□男　□女

2.生日：＿＿＿年＿＿＿月＿＿＿日

3.教育程度：□大學以上　□大學　□專科　□高中、高職　□高中職以下

4.職業：＿＿＿＿＿＿＿＿

5.聯絡地址：＿＿＿＿＿＿＿＿＿＿＿＿＿＿＿＿＿＿＿＿

聯絡電話：＿＿＿＿＿＿＿＿　手機：＿＿＿＿＿＿＿＿

6.E-mail信箱：＿＿＿＿＿＿＿＿＿＿＿＿＿＿

□同意　□不同意　免費獲得寶瓶文化叢書訊息

7.購買日期：＿＿年＿＿月＿＿日

8.您得知本書的管道：□報紙／雜誌　□電視／電台　□親友介紹　□逛書店　□網路　□傳單／海報　□廣告　□瓶中書電子報　□其他

9.您在哪裡買到本書：□書店，店名＿＿＿＿＿＿　□劃撥　□現場活動　□贈書

□網路購書，網站名稱：＿＿＿＿＿＿＿　□其他＿＿＿＿＿＿

10.對本書的建議：（請填代號　1.滿意　2.尚可　3.再改進，請提供意見）

內容：＿＿＿＿＿＿＿＿＿＿＿＿

封面：＿＿＿＿＿＿＿＿＿＿＿＿

編排：＿＿＿＿＿＿＿＿＿＿＿＿

其他：＿＿＿＿＿＿＿＿＿＿＿＿

綜合意見：＿＿＿＿＿＿＿＿＿＿＿＿＿＿＿＿＿＿＿＿＿＿＿＿

11.希望我們未來出版哪一類的書籍：＿＿＿＿＿＿＿＿＿＿＿＿＿＿

讓文字與書寫的聲音大鳴大放

寶瓶文化事業股份有限公司

（請沿此虛線剪下）

廣告回函
北區郵政管理局登記
證北台字15345號
免貼郵票

寶瓶文化事業股份有限公司 收

110台北市信義區基隆路一段180號8樓
8F,180 KEELUNG RD.,SEC.1,
TAIPEI.(110)TAIWAN R.O.C.

（請沿虛線對折後寄回，或傳真至02-27495072。謝謝）